Alexander Nabben

Kochen und Backen mit Tofu

pala verlag

ISBN: 3-89566-123-6
© 1997: pala-verlag, Rheinstr. 37, 64283 Darmstadt
Alle Rechte vorbehalten
Lektorat: Bettina Snowdon
Umschlag- und Innenillustrationen: Margret Schneevoigt
Zettel-Zeichnungen: Sabine Hoff
Druck: Fuldaer Verlagsanstalt

Dieses Buch (Innenteil und Umschlag) ist
auf Papier aus 100 % Recyclingmaterial gedruckt

Inhalt

Tofu – vielseitig und gesund

Richtig zubereitet ist Tofu eine vielseitige und schmackhafte Basis in der vegetarischen Küche. Zu Unrecht herrscht bei vielen immer noch das Vorurteil, daß Tofugerichte einfach nicht schmecken, und so mancher unkundige Koch hat zu diesem schlechten Ruf sicherlich sein Scherflein beigetragen. Denn die geschmackliche Qualität von Tofu hängt allein von der Zubereitung und der Qualität der Rezepte ab. Seinen Abwechslungsreichtum erhält Tofu dadurch, daß er selbst relativ geschmacksneutral ist. So läßt er sich in jede beliebige Richtung würzen. Suppen und Soßen, Aufläufe und Pasteten, Desserts und Brotaufstriche; ob einfach und schnell oder raffiniert und aufwendig: Alles ist machbar und möglich und dazu noch für die Gesundheit wertvoll. Denn die Sojabohne, als Ausgangsprodukt des Tofu, enthält als einzige Hülsenfrucht alle acht essentiellen Aminosäuren, viel Vitamin E und Lecithin, hat aber wenig Fett und Kalorien.

Wer fürchtet, für die Zubereitung von Tofugerichten lange in der Küche zu stehen, hat sich getäuscht, denn viele Gerichte sind tatsächlich im Handumdrehen fertig.

Für Sojamilch und Tofu gibt es nicht nur unzählige Variationsmöglichkeiten, sie lassen sich auch im eigenen Haushalt kostengünstig herstellen. Es ist einfacher, als Sie vielleicht denken.

Obwohl ich seit 17 Jahren Tofu verwende und oft viele Leute damit beköstige, bekomme ich immer wieder den verwunderten Ausruf zu hören: »Was – das ist Tofu? Das hätte ich ja nie gedacht!« Lassen auch Sie sich von der Vielfalt des Tofu überraschen. Ich wünsche Ihnen viel Spaß beim Zubereiten, beim Naschen und Genießen.

Die Sojabohne

Kulturgeschichte

Schon Jahrtausende vor unserer Zeitrechnung war die Sojapflanze in China weit verbreitet. Im Jahre 2838 v. Chr. stufte sie der chinesische Kaiser Shen-Nung als eine der fünf heiligen Pflanzen ein. Die Bezeichnung »Soja« wird auf das chinesische Wort »sou« für »große Bohne« zurückgeführt. Schon früh hatte sich im fernen Osten die weise Erkenntnis durchgesetzt, daß die Eiweißversorgung vieler Menschen mit Hilfe von Soja leicht sicherzustellen ist.

Erst 1712 brachte ein deutscher Botaniker die Sojabohne von einer Japanreise nach Europa. Angebaut wurde sie erst ab 1870. Als Mißernten 1908 zu einer Verknappung der gebräuchlichen Ölsaaten führten, begann der großflächige Anbau. In den USA wurde Soja in noch größerem Ausmaß als in Europa angebaut. Waren bis in die 50er Jahre China und die Mandschurei weltweit die größten Sojaproduzenten, so sind es nun die USA. Auf einer Fläche, die größer ist als Deutschland und Holland zusammen, wird dort inzwischen mehr als 60 % der Weltsojaernte erzeugt. Das Ziel der starken Verbreitung des Sojaanbaus war jedoch nicht die Eiweißversorgung der Menschen, sondern ist vielmehr Ergebnis der wachsenden Nachfrage nach tierischen Produkten. Rund 90 % der Weltsojaernte findet als Viehfutter Verwendung, obwohl Soja als Quelle zur direkten Eiweißversorgung des Menschen viel besser und sinnvoller nutzbar ist.

Anbau

Tatsächlich ist die Sojabohne die Königin der Hülsenfrüchte! Keiner anderen Feldfrucht auf der ganzen Welt kommt von Seiten der Landwirtschaft und der Ernährung so viel Aufmerksamkeit zu wie der Sojabohne.

Die Sojapflanze gehört zur Familie der Schmetterlingsblütler und hat die Fähigkeit, über Knöllchenbakterien, die sich an den Wurzeln befinden, Stickstoff aus der Luft zu binden und ans Erdreich abzugeben. Daher laugt Soja den Boden nicht aus (im Gegensatz zu Mais beispielsweise), sondern liefert auch noch Stickstoff für die Folgesaat, z. B. für Getreide, das viel Stickstoff benötigt.

Die am meisten verbreitete Sorte ist die gelbe Sojabohne, es gibt aber auch rote (Adukibohnen), grüne (Mungbohnen), braune und schwarze Bohnen. Obwohl es global immer noch mehr als tausend Sorten gibt, ist die Sortenvielfalt auch im konventionellen Sojaanbau stark rückläufig.

Da Soja nicht aus dem hiesigen Kulturkreis stammt, wird es häufig für nicht förderungswürdig gehalten. Dabei waren viele unserer heutigen Kulturpflanzen, allen voran die Kartoffel, ursprünglich nicht bei uns beheimatet. Ein weiteres Argument gegen die Verwendung dieser vielseitigen Hülsenfrucht ist der vermeintliche Anbauflächen»mißbrauch« für den Sojaanbau in Entwicklungsländern, wodurch den Einheimischen die Grundlage für die

Selbstversorgung genommen und damit eine Abhängigkeit von den Industrieländern geschaffen wird. Den mengenmäßig größten Anteil am Sojaanbau haben aber ohnehin die USA. Zudem wird der Regenwald für Viehfutter-Soja und nicht für Tofu und andere Sojaprodukte gerodet, die doch meist aus ökologischem Anbau stammen.

Auch in Europa wird inzwischen nach und nach mehr Soja angebaut. Diese Sojapflanzen sind zwar nicht so ertragreich wie die US-amerikanischen, meist haben die Bohnen aber einen höheren Nährwert. In Ungarn und in der Schweiz, in Schweden und Frankreich, in Rußland und Spanien, in Italien und anderswo wird Soja erfolgreich angebaut. In Deutschland ist der Anbau nur in wärmeren Zonen möglich, zum Beispiel in Weinbaugebieten. Je nach Standort und Sorte wird die Sojapflanze, ähnlich wie die uns bekannte Buschbohne, dreißig Zentimeter bis zwei Meter hoch.

In größerem Stil ist der Anbau nicht ganz einfach, insbesondere wegen der speziellen Bakterien für die Knöllchenbildung, die in hiesige Böden erst eingebracht werden müssen, um eine möglichst baldige Ernte zu gewährleisten. Aber es kann sich lohnen. Zwei bis drei Jahre wird Soja auf dem gleichen Feld angebaut, wobei sich der Ertrag stetig erhöht. Für Umstellbetriebe bietet sich damit eine Hülsenfrucht an, die nicht nur als Zwischenfrucht den Boden anreichert, sondern als Verkaufsfrucht auch den Geldbeutel.

Inzwischen gibt es einige Tofuhersteller, die mit Soja aus einheimischem Bioland-Anbau werben. Neben den kürzeren Transportwegen hat dieses Soja auch den Vorteil, einen höheren Eiweißgehalt aufzuweisen. Obwohl der Anbau von der EG bezuschußt wird, bedarf es gewiß weiterer Pionierkraft, damit statt Mais und Raps, statt Rüben und Wein mehr Soja auf die Felder gebracht wird. So sei gerade den biologisch wirtschaftenden Bauern die Wunderbohne ans Herz gelegt. Der Absatz der Sojabohnen ist durch die stetig steigenden Umsätze der Tofuhersteller vermutlich gesichert.

Ein Großteil der deutschen Bio-Tofuhersteller ist in dem Zusammenschluß »ÖkoSoy« organisiert, der seit mehr als zehn Jahren existiert. Von diesem Zusammenschluß wurden verbindliche Richtlinien für die Herstellung von Tofu und für die Bohnenqualität sowie Kriterien für die Weiterverarbeitung erstellt. Auch eine zunehmende Spezialisierung bei einheimischen Sojabohnenanbauern zeichnet sich ab, sicherlich zum Vorteil der Verbraucher.

Alle genannten Faktoren sprechen ganz eindeutig für die so bewährten und langerprobten Sojaprodukte aus Ökolandbau und nachhaltiger Wirtschaftsweise. Hier kann jeder Mensch zeigen, daß Geschmack und Genuß nicht auf der Zunge und im Gaumen aufhören müssen und daß die Mahlzeit Herz und Hirn enthält, obwohl sie fleischlos ist.

Die Welt und die Bohne

»Der ökologische und ökonomische Tribut, den die Aufrechterhaltung der künstlich geschaffenen Nahrungskette auf der Basis einer übermäßig proteinreichen Fleischernährung fordert, ist vielleicht der höchste Preis, den die Menschheit in ihrer Geschichte bezahlen muß. Millionen von Amerikanern, Europäern und Japanern schlingen Hamburger, Steaks und Rinderbraten in sich hinein, ohne sich die Folgen bewußt zu machen, die ihre Eßgewohnheiten für die Biosphäre und für die schlichte Bewohnbarkeit des Planeten Erde haben. Jedes Stück dieses Fleisches bezahlen wir alle mit abgebrannten Wäldern, verdorrten Böden, ausgelaugten Feldern, ausgetrockneten Flüssen und Bächen und einer vergifteten Atmosphäre.«

J. Rifkin, Das Imperium der Rinder

Rein rechnerisch gesehen gibt es für jeden Menschen auf der Erde für jeden Tag mindestens ein Kilogramm Getreide. Auch ohne Gensoja, ohne steigenden Pestizideinsatz und auch ohne weitere Vergrößerung der Anbauflächen ließe sich der Eiweißmangel großer Bevölkerungsteile mühelos und vollständig decken, wenn die geernteten Sojabohnen den Menschen direkt zur Verfügung stehen würden. Statt dessen aber sterben weltweit Jahr für Jahr zwölf bis dreizehn Millionen Kinder und vierzig bis fünfzig Millionen Erwachsene an den Folgen von Eiweißunterversorgung und Fehlernährung. Und in den reichen Ländern leiden immer mehr Menschen an Krankheiten, die durch Eiweißüberversorgung verursacht wurden, wie z. B. Gicht, Nierensteine und Osteoporose.

Am Beispiel von **Brasilien**, wo die »Sojabarone« ihre rücksichtslose Politik sicherlich am extremsten praktiziert haben, soll verdeutlicht werden, wie negativ mit dem Sojaanbau in vorhandene Strukturen eingegriffen wurde und welche Folgen diese Eingriffe haben:

In den 50er Jahren bestanden noch etwa 30 % der Fläche im Süden des Landes aus Regenwald, heute weniger als 2 %. Die dort entstandenen Sojafelder verursachten eine starke Verknappung von Grundnahrungsmitteln, denn nicht nur da, wo vorher Regenwald war, sondern auch auf Flächen, auf denen zuvor schwarze Bohnen, Reis und Mais angebaut wurden, wurde jetzt Soja angebaut. Die dadurch erfolgte Verteuerung bedeutet für viele Menschen Hunger. Mehr als dreihunderttausend kleinbäuerliche Betriebe fielen allein zwischen 1970 und 1975 diesem »Strukturwandel« zum Opfer. Landarbeiter, Pächter und Bauern flohen in die Städte und vergrößerten die Slums und das Elend. Bei den dort verbliebenen Plantagenarbeitern wurde eine hohe Belastung an Pestizidrückständen im Blut festgestellt. Meist ausländische Konzerne beliefern mit dem billigen Soja die »Tierproduzenten« von Fastfood-Ketten oder anderen Großabnehmern.

Für die Erzeugung von Rindfleisch wird eine dreißigmal größere Fläche benötigt als für den Anbau von Soja mit dem gleichen Eiweißgehalt. Während die Weltbevölkerung weiter wächst, geht durch so unterschiedliche Faktoren wie Überdüngung, Übersäuerung, Erosion, aber auch durch Zersiedelung, Austrocknung, Verseuchung usw. immer mehr wertvolles Ackerland verloren. Schon jetzt sagen einige Fachleute voraus, daß sich die Menschheit die sogenannte Veredelung – oder eher Verelendung – also den Umweg über das Tier, nicht mehr lange leisten kann.

Weltweit werden jährlich mehr als sechshundert Millionen Tonnen Getreide und Soja an »Nutztiere« verfüttert. Entsprechende Gesetze fördern diese brisante Entwicklung, wobei die übriggebliebenen Bauern längst zu abhängigen Vertragslieferanten weniger Konzerne gemacht wurden, die Saatgut und Pestizide, Futtermittel und Hormone liefern. Die industrielle Produktion von einem halben Kilogramm Sojabohnen benötigt zwar schon zweitausend Liter Wasser, die gleiche Menge Rindfleisch aber braucht mehr als zehntausend Liter. Noch ungünstiger wird die Rechnung bei Berücksichtigung der Transportkosten und der Umweltschäden, um die unvorstellbaren Mengen an Futtermitteln aus aller Welt heranzuschaffen.

Dabei ist noch nie in der Menschheitsgeschichte der Eiweißanteil sowie die Menge an tierischen Produkten in der Nahrung so hoch gewesen wie heute, obwohl wir doch längst keine Gesellschaft von Schwerarbeitern mehr sind.

Auch die »Deutsche Gesellschaft für Ernährung« empfiehlt mehr pflanzliches und erheblich weniger tierisches Eiweiß und Fett.

Jeder dritte Bundesbürger hat Übergewicht; anerkannte Fachleute weisen eindeutige Zusammenhänge zwischen einem viel zu hohen Anteil an tierischen Produkten in der herkömmlichen Ernährungsweise und vielen Krankheiten nach. Sei es nun Gicht, Rheuma, Neurodermitis, Arteriosklerose, Herz- und Kreislauferkrankungen und vieles mehr – die Ernährungsempfehlungen ähneln sich. Mehr Salat, mehr Rohkost und Gemüse, mehr Vollkorn und Tofu, weniger Fleisch und Wurst, weniger Weißmehl und Zucker etc.

Verantwortung für sich und den eigenen Körper übernehmen heißt letztlich auch, sich an der Verantwortung für die Welt zu beteiligen.

Nährwert der Sojabohne

Die Nährwertzusammensetzung der Sojabohne ist in ihrer Hochwertigkeit einmalig. Keine andere heute kultivierte Feldfrucht liefert so viel für den Menschen direkt verwertbares Eiweiß.

Der Samen der Sojapflanze bringt es auf fast 38 % Eiweiß und 17 – 20 % Fett. Dabei ist Soja die einzige Hülsenfrucht, die alle acht essentiellen Aminosäuren liefert. Auch das Fett ist außerordentlich hochwertig, besteht es doch zu über 80 % aus einfach oder mehrfach ungesättigten Fettsäuren mit der wichtigen Linolsäure. An Mineralien sind erstaunlich viel Eisen und Kalium, Natrium, Kalzium und Phosphor enthalten. Aber auch darüber hinaus hat die Sojabohne viele Vorzüge: Einige Vitamine der B-Gruppe, das fettlösliche Vitamin E und Cholin sind bei Soja reichlicher vorhanden als bei tierischen Lebensmitteln. Kein anderes Nahrungsmittel, mit Ausnahme des Eies, hat einen so hohen Gehalt an wertvollem Lecithin wie Soja (zwischen 1,8 % und 3,2 %). Lecithin ist wichtig für Gehirn- und Nervenfunktionen. Neuere Forschungen zeigen außerdem, daß Soja eine Substanz enthält, die das Tumorwachstum hemmen kann, das Genistein. Tofu, als ein Sojaprodukt, wirkt auch nicht, wie vergleichbare tierische Nahrung, säurebildend, sondern vielmehr basisch. Es bietet daher einen wichtigen Ausgleich bei unserer vorwiegend säurebildenden Nahrung.

Sojaprodukte

Seit vielen Generationen schon kennen die Menschen im fernen Osten die Sojaschätze und haben sie weiterentwickelt. So wurde nicht nur die ganze Bohne gekocht und gegessen, sondern es wurde auch mit ihr experimentiert. Dabei entstanden neben Sojamilch und Tofu auch die allseits bekannte Sojasauce und das Miso, das wie Sojasauce durch Gärungsprozesse hergestellt wird.

Sojasauce gibt es traditionell als *Tamari* (Soja, Meersalz und Wasser) und als *Shoyu* (zusätzlich mit geröstetem und gemahlenem Weizen). Letzteres ist milder. Im Handel erhältliche Sojasauce kommt meist aus Japan oder China. Teilweise werden in Naturkost-

läden auch Produkte aus – laut Herstellerangaben – einheimischem Soja angeboten. Auch naturbelassenes Miso ist dort erhältlich. **Miso** ist eine würzige dunkle Paste, die entweder nur aus Soja oder aus einer Mischung aus Soja und Reis, Gerste oder Buchweizen in einem Gärungsprozeß entsteht. Mit Miso lassen sich Suppen und Saucen würzen und dabei noch Salz sparen: die gleiche Menge Miso würzt genauso gut wie ebensoviel Salz, beinhaltet aber wesentlich weniger davon. Ein weiteres Fermentationsprodukt ist **Tempeh,** eine Art Soja-Brie mit Edelschimmelkulturen aus Indonesien. Ein Rückstandsprodukt der Sojamilch ist die Sojakleie, das **Okara**, das ebenfalls begrenzt zur Ernährung dienen kann. **Sojakaffee** und **Sojanüsse** seien zur Ergänzung der Produktpalette noch genannt, ebenso die **Sojasprossen**.

In unterschiedlichen Variationen haben sich diese empfehlenswerten Lebensmittel im ganzen ostasiatischen Raum verbreitet. So gibt es z. B. in Japan über zwanzigtausend Tofuläden, in denen täglich frisch Tofu hergestellt und angeboten wird. Für viele »Westler« ist es immer noch unvorstellbar, daß ganze Generationen nach der Muttermilch mit Sojamilch aufwachsen und ein Leben lang bestens damit auskommen. Viele der hier verbreiteten »Zivilisations«-Krankheiten waren dort lange unbekannt und werden erst mit westlichen Ernährungsgewohnheiten eingeführt.

Die **modernen westlichen** Sojaprodukte waren zunächst Nebenprodukt der Ölgewinnung. Dabei wird das Öl extrahiert und unter Erhitzung mit der Chemikalie Hexan neutralisiert und unerwünschte Aromastoffe mit Hilfe von Wasserdampf entfernt. Der eiweißreiche Preßrückstand, auch **Ölkuchen** genannt, wurde Grundlage fürs Mastfuttermittel. Im Laufe der Jahrzehnte wurde – hauptsächlich in den USA – der Ölkuchen aber auch zu **Sojamehl, Sojaflocken, Granulat, strukturiertem Sojaprotein (TVP)**, dessen Struktur der von Fleisch nachempfunden ist, oder zu **neunzigprozentigen Eiweißisolaten** als Hochleistungskraftfutter für Spitzensportler weiterentwickelt. Dafür wird bei hohem Druck und starker Erhitzung das Soja durch Maschinen gepreßt, in Chemikalien getränkt, mit Hilfe von Laugen und Säuren in Einzelteile zerlegt und durch Feinspinndüsen, Extruder und Temperaturschocks in neue Formen gebracht.

Entfettetes Sojamehl im Gebäck ermöglicht u. a. eine bessere Wasserbindung und sorgt dadurch nicht nur für längere Frische, sondern auch für mehr Gewicht. Sojamehl, -öl, -lecithin, u. ä. befinden sich in 20.000 – 30.000 Produkten der Lebensmittelindustrie.

Doch wurde in der großindustriellen Sojaausbeutung beim Lebensmittel nicht haltgemacht: **Sojabestandteile** finden sich in Autoreifen Fahrradpedalen, Seife, Schmierfett, Klebstoffen, Farben, Lacken und Medikamenten. Ohne großtechnische Anlagen und mit enormem Energieaufwand und nicht unwesentlichen ökologischen Nachteilen sind die wenigsten der modernen Sojaprodukte denkbar und machbar.

Genmanipuliertes Soja

Konsequent weitergedacht, sind einige Wissenschaftler nun beim genetisch manipulierten Soja angelangt. Die Kennzeichnung genveränderter Produkte wurde im Europarat zwar durchgesetzt, ist jedoch äußerst lückenhaft und läßt viele gentechnisch veränderte Produkte durch die Maschen fallen. Viele Verbraucher sind daher verunsichert, welche Produkte sie noch kaufen können, ohne dabei an genmanipuliertes Soja zu geraten. Gerade diese Ungewißheit beim Kauf von sojahaltigen Produkten aus konventionellem Anbau sollte eine Entscheidung für kontrolliert biologisch angebaute Lebensmittel nach sich ziehen. Die Hersteller solcher Produkte garantieren, sich gegen die Verwendung von genmanipuliertem Soja in ihren Lebensmitteln einzusetzen. Diese feste Zusage führt durchaus zu mehr Transparenz. Die meisten dieser Hersteller beziehen ihre Rohstoffe jetzt zu einem noch höheren Anteil aus Mitteleuropa oder sogar aus heimischem Anbau, sozusagen aus der Nachbarschaft. Die Kontakte zwischen Anbauern und Verarbeitern werden intensiver, der Zwischenhandel wird reduziert. Solche durchschaubaren Handelswege sind der beste Garant für gentechnisch unveränderte Produkte.

Einen wichtigen Beitrag zur Weiterentwicklung dieser Handelskette leistet der Verbraucher mit einer Entscheidung gegen Fertigware aus konventionellem Anbau und für gentechnisch unveränderte Produkte aus ökologischem Anbau.

Tofu

Von allen altbewährten Sojakreationen ist Tofu eindeutig die interessanteste und vielseitigste. Weil guter und natürlicher Tofu relativ neutral schmeckt, läßt sich aus ihm so viel machen. Egal, ob würzig oder süß: Tofu kann jede Geschmacksrichtung annehmen. Tofu ist die ideale Bereicherung für eine gesunde, vollwertige Ernährung. Er ist nicht nur Lebensmittel, sondern auch Heilmittel in der Schonkost und Krankendiät, für Kleinkinder und alte Menschen geeignet. Wertvolles Eiweiß, wenig Fett und Kalorien, kein Cholesterin und Purin, wichtige Vitamine und Mineralstoffe, leichte Verdaulichkeit und besonders die einfache Zubereitung machen Tofu zu einem rundum gesunden Lebensmittel.

Sojamilch und Tofu sind *die* Alternative zu allen tierischen Produkten. Diese Lebensmittel passen hervorragend in die Vollwert- und Naturkost, in die vegetarische und die vegane Küche. Kräuterquark ohne Quark, Rührei ohne Ei, Leberkäse ohne Leber und ohne Käse, paniertes »Schnitzel« ohne Fleisch, Tofukäsekuchen ohne Käse, Milchsuppe ohne Milch, Tofuburger statt Hamburger: Tofu macht's möglich. Eine 250-Gramm-Portion Tofu bringt dabei so viel verwertbares Protein auf den Teller wie ein 80-Gramm-Steak oder 125 g Gehacktes, mehr als 50 % der täglich empfohlenen Menge, hat dabei aber vier- bis fünfmal weniger Kalorien und auch erheblich weniger Fett.

Aus der altüberlieferten Tofu-Gerüchteküche ist zu berichten, daß es Sojamilch am Hofe eines chinesischen Kaisers schon lange vor dem Tofu gab. Obwohl er selbst ein begeisterter Koch gewesen sein soll, ließ er doch einmal eine Küchenhilfe an die frische, noch dampfende weiße Brühe. Prompt geschah es, daß versehentlich etwas Meersalz in die Sojamilch fiel. So kam es zum Ausflocken des Eiweißes, es bildete sich Molke und die Tofuflocken schwammen darin herum wie weiße Wolken. Nachdem sich der Kaiser beruhigt hatte, wurden die Flocken dann vorsichtig herausgeschöpft und gepreßt. Das war die Geburtsstunde des Tofus.

Überall in den asiatischen Ländern entstanden im Laufe der Zeit kleine mittelständische Tofureien, die täglich frisch für den örtlichen Bedarf besten Tofu machten. Bis heute ist das traditionelle Tofuhandwerk eine weltweit vorbildhafte Möglichkeit für dezentrale, regionale und die Ressourcen schonende Produktionsweise zum Vorteil der Bevölkerung.

Zwar gab es in Amerika, seit es Chinatown gibt, auch schon Tofu, aber erst die Naturkostbewegung hat ihn bekannt gemacht. Später kam diese Welle über England und die Niederlande auch nach Deutschland. Seit Mitte der 70er Jahre »The Book of Tofu« von William Shurtleff und Akiko Aoyagi erschien, findet der Tofu auch bei uns immer mehr Beachtung. Inzwischen sind auch hierzulande einige

Kochbücher über Tofu erschienen, es gibt Tofudiäten und Tofurezepte in Zeitschriften, Tofuwochen in Uni-Mensen und Tofukongresse, die von Industrieberatern organisiert werden. Und es gibt bei uns etwa acht Hersteller von Bio-Tofu und Bio-Tofu-Produkten, die mehr als sechshundert Tonnen Sojabohnen jährlich verarbeiten. Diese produzieren teils für ihre Region, teils aber auch für den überregionalen Vertrieb. Die Kunst des Tofumachens ist bei vielen auch heute – trotz aller technischen Errungenschaften – ein handwerklicher Prozeß geblieben, seit Generationen überliefert und leicht nachvollziehbar. Die Tofuherstellung ist zudem äußerst ergiebig: Während für die »Produktion« von etwa einem Kilogramm Fleisch sieben bis zehn Kilogramm Sojabohnen verfüttert werden, wird für ein Kilogramm Tofu nur etwa ein halbes Kilogramm Sojabohnen benötigt. Dazu kommt noch ein beachtlicher Teil an Nebenprodukten, nämlich die *Sojakleie (Okara)*, die als Preßrückstand von der Milch zurückbleibt, und die *Molke*, die beim Tofupressen anfällt. Die rohen Faserstoffe und andere Bestandteile der Sojabohne, die Blähungen verursachen, werden durch die Tofuherstellung separiert oder unschädlich gemacht. Das ist auch der Grund, warum ausreichend lang gekochte ganze Sojabohnen nur zu etwa 70 % verdaulich sind, Tofu aber zu mehr als 90 %. Obendrein wird noch erheblich weniger Kochenergie benötigt.

Warenkunde

Die Palette der eßfertig zu kaufenden Produkte mit Tofu wird auch hier immer größer, auch wenn Japan und die USA uns in dieser Hinsicht weit voraus sind. Dort gibt es puren weißen Tofu in verschiedenen Sorten, die sich vornehmlich in der Konsistenz unterscheiden.

Der fast puddingartig weiche Softtofu wird dementsprechend *Silken-* oder *Seidentofu* genannt. Feine Unterschiede gibt es bei neutralem weißem Tofu auch je nach Herstellungsverfahren, ob im offenen oder geschlossenen Druckverfahren gekocht wird, und je nachdem, welches Gerinnungsmittel, welche Temperatur und welche Rührtechnik verwendet wurden. Kenner schmecken schnell heraus, um welche Art von Tofu es sich handelt, und viele schwören, der Selbstgemachte sei immer wieder der Beste.

Weißen Naturtofu gibt es inzwischen in fast allen Bioläden und Reformhäusern, wenn auch in unterschiedlicher Qualität. Neuerdings gibt es auch einen Tofuquark, der auch die entsprechende Konsistenz hat, der aber auch sehr leicht aus Tofu selbst herzustellen ist.

Die Lieferanten und damit die Angebote sind regional recht unterschiedlich. Mancherorts gibt es beispielsweise Sojajoghurt oder -eis, diverse Tofubratlinge oder -Frikadellen, ob lose aus der Kühltheke oder im Vakuum, Kroketten und köstliche Tofupasteten und seit neuestem auch eine raffinierte Art pikanten Aufschnitts aus Tofu

sowie gefüllte Teigtaschen und Früh-
lingsrollen oder auch »Chili con Tofu«
im Mehrwegglas, ebenso mancherlei
würzige und neuerdings auch süße
Brotaufstriche. Obendrein gibt es
Sojamilch pur im Tetrapack und auch
in der Ein-Liter-Pfandflasche, fertige
Sojamilch-Mixgetränke und Soja-
Kondensmilch, Tofumayonnaise und
leckeren Vanille- und Schokoladen-
pudding.

Fast überall gibt es inzwischen den
Räuchertofu. Dieser ist im Gegensatz
zu weißem Tofu sofort eßbar, da er
meist in Sojasauce mariniert wurde
und durch den Räuchervorgang einen
Geschmack annimmt, der dem von
Schillerlocken ähnelt. Guter Räuchertofu ist wirklich ein »Gedicht« und
verblüffend leicht und schnell auf den
Tisch zu zaubern. Konsequenterweise
gibt es daher auch diverse Brotaufstriche mit Räuchertofu im Angebot,
ebenso Tofuröllchen (um nicht zu
sagen »Tofuwürstchen«), grob und
fein, die keine Wünsche mehr offen
lassen.

Damit sind die Möglichkeiten von
Tofu mit Sicherheit noch nicht er-
schöpft, und wir dürfen gespannt sein,
welche Kreationen uns die Zukunft
noch bieten wird.

Tips, Tricks und Nützliches

Bevor es mit den Rezepten losgeht, noch einige Tips zu nützlichen Gerätschaften und zu empfehlenswerten Zutaten.

Geräte

Eine wichtige Vorbedingung sind gute **Küchenutensilien**. Neben solchen »Selbstverständlichkeiten« wie stabilen und guten Messern, einem Wetzstahl und einem Schneebesen möchte ich besonders den **Apfelausstecher** hervorheben, das **Buntschneidemesser**, mit dem Gemüse und Tofu in wellige Scheiben geschnitten werden können, und das **Canneliermesser (Ziselierer)** zum streifigen Schälen von Gemüse, das dann, in Scheiben geschnitten, wie eine Blume oder ein Stern aussieht. Ebenso ist eine **Spritztüte** mit verschiedenen glatten und gezackten Tüllen nützlich.

Einen Hand-Fleischwolf kann man mühelos in einen vielseitigen **»Gemüsewolf«** verwandeln, ideal zur Herstellung von Brotaufstrichen und Pasten, zur Zerkleinerung eingeweichter Trockenfrüchte, zur Resteumformung oder auch zum Vermahlen der eingeweichten Bohnen für Sojamilch und Tofu.

Wenn Sie keine **Friteuse** zur Hand haben, tut es auch ein guter Topf, beispielsweise aus Edelstahl. Mit gutem ungehärtetem Pflanzenfett oder mit Öl wird er zur Hausfriteuse.

Mit einer **Küchenmaschine** lassen sich mit Hilfe verschiedener Einsatzscheiben und -messer im Handumdrehen Salate raspeln und Aufstriche, Dessertcremes und Tortenfüllungen pürieren. Der **Mixeraufsatz** macht im Nu Milchshakes, Mayonnaisen und dergleichen.

Ein **Kartoffelstampfer** oder eine **Gabel** eignen sich zum Zerkrümeln von Tofu.

Rezeptzutaten

Eine große **Auswahl an Gewürzen** sollte Ihnen zur Verfügung stehen. Mit zwanzig bis dreißig verschiedenen Gewürzen haben Sie eine gute Grundlage. Ausgefallenere Gewürze wie Masala und Kebabpaste, verschiedene Curry- und Chilisaucen gibt es in asiatischen Läden.

Gewürze und Knoblauch, besonders Shoyu und frische Kräuter, sollten möglichst zu guter Letzt hinzugefügt werden.

Als **Süßmittel** kann je nach Vorliebe Vollrohrzucker (Sucanat), brauner Zucker, Rübensirup, Ahornsirup oder Apfel- oder Birnendicksaft verwendet werden. Beachten Sie bei der Dosierung, daß sich die Süßmittel in ihrer Süßkraft stark unterscheiden.

Ganze **Getreidekörner** wie Reis, Weizen, Gerste, Grünkern usw. können sofort in das mit Gemüsebrühe gewürzte Kochwasser gegeben werden. Auch vorheriges Einweichen (5 – 6 Stunden) ist sinnvoll und spart

Energie und Zeit. Hirse, Buchweizen, Bulgur, Getreideschrot u. ä. sollten jedoch erst ins kochende Wasser gegeben werden, sonst besteht die Gefahr, daß sie anbrennen.

Gemüse (möglichst aus biologischem Anbau) sollte gut mit einer Gemüsebürste gereinigt werden. Das **Garwasser** wird aufbewahrt zur Verwendung in Suppen, Saucen etc. Gegart wird in wenig Flüssigkeit. Gemüse sollte noch bißfest sein. Das schont die Vitamine.

Natürlich kann jeder Tofubratling noch **mit Käse überbacken** werden. Dieses Buch soll aber gerade zeigen, daß es auch ohne geht. Und an Eiweißmangel leidet hierzulande sowieso niemand.

Trockenfrüchte, Trockenpilze und **Algen** werden vor der Verwendung für etwa 30 Minuten in ein wenig Wasser eingeweicht, abtropfen gelassen bzw. leicht ausgewrungen. Das Einweichwasser wird möglichst mitverwendet.

Seitan ist, ebenso wie Tofu, ein traditionelles, fernöstliches, eiweißreiches Lebensmittel. Es wird aus Weizenmehl gewonnen und mit Sojasauce, Gewürzen und Meeresalgen hergestellt. Seitan hat eine fleischähnliche Struktur, ist gesund und fettarm.

Tahin ist eine sehr kalziumreiche und nahrhafte Paste aus gemahlenen Sesamsamen, die nicht nur zu orientalischen Rezepten paßt, sondern sich auch in vielen Suppen, Saucen, Brotaufstrichen oder pur verwenden läßt.

Gomasio ist gerösteter Sesam, der zusammen mit Salz vermahlen wird. Zum Würzen kann es vielseitig verwendet werden.

Hanf wird als THC-freier Samen verwendet. Für die Rezepte wird er angeröstet und möglichst fein vermahlen, z. B. in der Kaffeemühle. Er ist in vielen Bioläden und allen Hanfläden erhältlich.

Algen aus den Ozeanen sind mineralstoffreich und schmecken nach Meer. Es gibt diverse Sorten und Formen, die zumeist vor der Verwendung eingeweicht und geschnitten werden.

Nigari ist ein Gerinnungsmittel zur Tofuherstellung, das aus Meersalz gewonnen wird.

Agar-Agar (aus Meeresalgen) sowie **Pfeilwurzel-** und **Guarkernmehl** werden zum Andicken von Speisen verwendet. Sie sind in Bioläden und Reformhäusern erhältlich.

Sojamilch selbstgemacht

Um Tofu herstellen zu können, benötigen Sie zunächst Sojamilch. Auch diese bildet schon eine Grundlage für einige leckere Speisen und Getränke. Im Anschluß an die Beschreibung zur Herstellung von Sojamilch finden Sie daher einige Rezepte zu Sojamilch und dem Rückstandsprodukt Okara (ab S. 20).

Herstellung von Sojamilch

Auch wenn es Ihnen auf Dauer vielleicht zu mühsam erscheint, einmal sollten Sie auf jeden Fall Sojamilch und Tofu gemacht haben. Wenn Sie der Familie, den Freunden und Gästen die neuen Tofuspeisen vorsetzen, können Sie aus eigener Erfahrung kompetent Auskunft geben.

Den »Wochenbedarf« schaffen Sie mit etwas Übung in 2 – 3 Stunden. Es ist ratsam, einen Teil als Sojamilch zu belassen und nur den anderen Teil zu Tofu weiterzuverarbeiten: So haben Sie gleich beides.

Sie brauchen:

1 kg trockene gelbe Sojabohnen
mindestens 3 l Einweichwasser
etwa 8 l Kochwasser
1 Sieb
1 Püriergerät, z. B. einen Mixer, einen Rührstab, einen »Gemüsewolf« mit feinster Mahlscheibe oder eine Hand- oder Mohnmühle (nicht mit Steinmahlwerk)
2 – 3 größere Schüsseln
1 Meßbecher mit etwas kaltem Wasser
1 großen Topf mit Deckel (12 – 14 l, möglichst Edelstahl)
1 Schöpfkelle
1 langstieligen Holzlöffel
1 Holzspatel
eventuell 1 Holzstäbchen
1 etwas kleineren Topf mit einem hineinpassenden Metallsieb
1 mittelfeines Tuch aus Leinen oder Baumwolle (etwa 65 × 65 cm)
genügend Platz in der Küche und genug Zeit, damit Sojamilch und Tofu auch gelingen und frisch bleiben
etwas Ruhe und innere Gelassenheit, besonders beim ersten Mal

So wird's gemacht:

10 – 12 Stunden vor der eigentlichen Herstellung der Sojamilch, am besten am Vorabend, die Bohnen im Wasser einweichen. Mit warmem Wasser ist die Einweichzeit etwas kürzer. Die Bohnen sollten mehr als doppelt so groß werden und sich leicht halbieren lassen.

Nun die Bohnen in das Sieb geben, das Einweichwasser wegschütten und die Bohnen kurz mit kaltem Wasser abspülen.

Während das Kochwasser langsam erhitzt wird, die Bohnen so fein wie möglich pürieren, so daß keine festen Bohnenbestandteile mehr spürbar sind. Der »Fingertest« ist maßgebend, nicht der »Gaumentest«, denn noch ist die Masse ungenießbar. Je feiner das Püree ist, desto ergiebiger ist die Masse. Das Pürieren gelingt mit manchen Geräten nur, wenn beim Vermahlen heißes Wasser zugefügt wird. Diese Wassermenge sollte dann von der Gesamtmenge abgezogen werden. Sieben Liter Kochwasser ergeben dickere, neun Liter dünnere Milch.

Erst wenn das Wasser kocht, das gesamte Püree vorsichtig dazugeben. Dann die Masse unter häufigem Rühren zum Kochen bringen. Vorsicht, der Sud schäumt dabei anfangs stark auf. Damit nichts überkocht, sicherheitshalber rechtzeitig die Hitze reduzieren. Sollte der Schaum zu nah an den Topfrand kommen, kann das Überlaufen mit einem kleinen Schluck eingerührten Wassers verhindert werden. Daher ist es ratsam, etwas kaltes Wasser im Meßbecher bereitstehen zu haben.

Nach einer Weile hat sich das Ganze eingeköchelt, bildet nur noch wenig Schaum und muß nur noch gelegentlich umgerührt werden. Insgesamt muß das Püree etwa 20 Minuten kochen, bevor der Herd abgestellt wird.

Währenddessen den zweiten Topf mit dem Metallsieb bereitstellen. Das Tuch über das Sieb legen und den gekochten Sojabrei mit der Schöpfkelle nach und nach hineingeben. Die Sojamilch läuft jetzt aus dem Sieb heraus, im Tuch bleibt die faserige Sojakleie, das Okara, zurück. Durch etwas Nachhilfe mit dem Holzspatel, durch vorsichtiges Rühren und zuletzt durch das Zudrehen des Tuches zu einer Art Sack läßt sich noch viel Sojamilch auspressen. Wenn etwas vom Okara in

die Flüssigkeit fällt, sollte alles noch einmal abgesiebt werden.

Den Teil, der als Sojamilch belassen werden soll, möglichst gleich in kalte Gefäße abfüllen, die Sojakleie in eine Schüssel geben.

Auf der heißen, frischen Sojamilch bildet sich Haut, da das Öl der Milch hochsteigt. Diese Haut wird *Yuba* genannt und ist im fernen Osten eine Delikatesse. Sie kann mit einem Holzstäbchen herausgeholt werden. Getrocknet und gewürzt ist sie vielseitig verwendbar, z. B. als Knabberei.

Gerade bei warmer Witterung sollte die Sojamilch schnell gekühlt werden: Den Milchbehälter in kaltes Wasser stellen und dieses eventuell mit Eiswürfeln versetzen. So hält sich die Milch später länger im Kühlschrank.

Auch alle Zwischenprodukte sollten schnell weiterverarbeitet oder kaltgestellt werden.

Aufbewahrung und Haltbarkeit

Schnell abgekühlte Sojamilch hält sich im Kühlschrank in einem geschlossenen Gefäß bis zu einer Woche, Sojajoghurt auch zwei Wochen. Später wird die Milch säuerlich, ähnlich wie gestockte Milch, und bildet Molke. In diesem Zustand läßt sie sich immer noch für würzige Dressings, süß-saure Saucen etc. verwenden.

Wenn es draußen warm ist, sollte die Einweichzeit genauer eingehalten werden. Wenn sich Schaum auf dem Wasser bildet, ist es Zeit, die Bohnen weiterzuverarbeiten, denn dann hat der Gärungsprozeß schon begonnen.

19

Rezepte für Sojamilch

Nach der gesetzlichen Definition ist Milch ausschließlich tierischen Ursprungs, daher darf Sojamilch im Handel nicht unter der Bezeichnung »Milch« angeboten werden. »Sojadrink«, »Sojamilk« etc. sind die Begriffe, die auf Sojamilch-Fertigpackungen Verwendung finden.

Da Sojamilch einen geringeren Kalziumgehalt als Kuhmilch hat, wird sie für die Babyernährung weniger empfohlen. Wenn der Kalziumbedarf anderweitig gedeckt wird (z. B. mit Sesammus), ist sie jedoch auch als Babykost verwendbar.

Mühelos kann aus Sojamilch sogar Joghurt und Kefir hergestellt werden. Im Reformhaus oder im Bioladen sind die Starterkulturen erhältlich, die dafür benötigt werden. Joghurt und Kefir aus Sojamilch werden nicht so fest wie die entsprechenden Produkte aus Kuhmilch, sind aber dafür frei von Zusätzen.

Sojajoghurt

Sojamilch
Starterkulturen für die
Joghurtbereitung

Die frisch zubereitete Sojamilch auf 40° C abkühlen. Wenn bereits abgekühlte Milch verwendet wird, diese für eine halbe Minute kochen. In die 40° C warme Sojamilch mit dem Schneebesen das Starterpulver gründlich einrühren, wie vom Hersteller angegeben. Saubere Gläser und Deckel in einem Topf mit Wasser kurz bis auf Kochtemperatur bringen und auf diese Weise sterilisieren. Die Sojamilch in die Gläser füllen und bei 35 – 40° C für 3 – 7 Stunden warm stellen. Der Joghurt ist fertig, wenn sich beim Schräghalten eines Glases die Masse leicht im Ganzen oder in mehreren Stücken lösen läßt. Wird fester Joghurt gewünscht, weniger Wasser bzw. mehr Bohnen für die Herstellung der Sojamilch verwenden.

Variationen:

• mit kleingeschnittenen Früchten, Süßmittel nach Belieben und einer Prise Salz

• mit Nußmuß

Sojakefir

Sojamilch
Starterkulturen für die Kefirbereitung
  oder ein Kefirpilz

Das entsprechende Starterpulver gibt es im Reformhaus oder im Bioladen zu kaufen. Auch mit einem Kefirpilz kann der Sojakefir zubereitet werden.

Joghurt und Kefir lassen sich etwa 10 Tage im Kühlschrank frischhalten.

Sojajoghurt-Frischkäse

Sojajoghurt
1 Baumwoll- oder Leinentuch

Für Sojajoghurt-Frischkäse den Sojajoghurt in ein Leinen- oder Baumwolltuch geben, dieses zusammenbinden und für 30 – 60 Minuten zum Abtropfen aufhängen.

Soja-Hüttenkäse

Sojajoghurt-Frischkäse
Salz

Für Soja-Hüttenkäse den Sojajoghurt-Frischkäse in eine Schüssel geben, etwas Salz darüberstreuen und das Ganze vorsichtig verrühren. Der Sojajoghurt-Frischkäse flockt dann krümelig aus.

Pur oder mit frischen Kräutern oder Gewürzen servieren.

Sojasauerrahm

500 g Sojajoghurt
2 – 3 EL Öl
1 – 2 EL Essig oder Zitronensaft
½ TL Salz
1 TL Sirup

Alle Zutaten mixen.

Soja-Kondensmilch

200 ml Sojamilch
170 – 180 ml Öl
2 Prisen Salz
¼ TL heller Sirup oder anderes
Süßmittel nach Belieben

Milch in den Mixer geben und die übrigen Zutaten dann dazugeben, wenn der Mixer läuft – fertig.

Die Soja-Kondensmilch ist gekühlt mindestens 3 – 4 Tage haltbar, danach ist sie noch einige Zeit für Suppen, Soßen usw. verwendbar.

Sojasauerrahm-Buttermilch

200 ml Sojamilch
200 ml Öl
2 – 3 Prisen Salz
3 – 5 EL Zitronensaft
oder 2 – 4 EL Obstessig
½ – 1 TL Sirup oder anderes
Süßmittel nach Belieben

Milch in den Mixer geben und die übrigen Zutaten dazugeben, wenn der Mixer läuft. Anschließend abschmecken.

Herstellung von Milchshakes

Zunächst etwa die Hälfte der Sojamilch in den Mixer geben, dann Salz und die übrigen jeweiligen Rezeptzutaten dazugeben. Alles gründlich im Mixer pürieren und erst dann die restliche Sojamilch einfüllen. Für eine cremigere Konsistenz können während des Mixvorgangs noch 1 – 2 EL Öl dazugegeben werden.

Wenn Zitronen- oder andere Fruchtsäure dazu kommt, führt das zu einer leichten Gerinnung. Am Boden des Glases bildet sich dann etwas Säureflüssigkeit. Daher vor dem Servieren nochmals kurz durchrühren.

Wenn der Milchshake nicht umgerührt wird, setzt sich unten mehr Flüssigkeit ab, und der Shake wird oben fester. Diese feste Masse ist köstlich-leichter Sojaschaum, der wie Milchshakes in verschiedenen Variationen serviert werden kann.

Birnen-Shake

500 – 600 ml Sojamilch
1 Prise Salz
400 g Birnen
etwa 100 g Birnendicksaft
1 Prise Vanille und/oder Zimt

Birnen vierteln und den Milchshake nach Grundrezept (s. S. 22) herstellen.

Haselnuß-Shake

500 – 600 ml Sojamilch
1 Prise Salz
100 g Haselnußmus oder 80 – 90 g
*   ganze Haselnüsse*
1 – 2 Äpfel
100 g Apfeldicksaft oder Sirup
½ TL Zimt

Die Äpfel vierteln, ganze Haselnüsse rösten und mahlen und alle Zutaten zusammen zu einem Milchshake nach Grundrezept mixen (s. S. 22).

Erdbeer-Vanille-Shake

500 – 600 ml Sojamilch
1 Prise Salz
250 – 300 g frische Erdbeeren oder
*   Erdbeermarmelade*
100 g Sirup oder anderes Süßmittel
*   nach Belieben (nur wenn frische*
*   Erdbeeren verwendet werden)*
½ TL Vanille
½ TL Zimt nach Belieben
1 – 2 EL Öl

Die frischen Erdbeeren halbieren und mit allen anderen Zutaten nach Grundrezept zu einem Milchshake (s. S. 22) mixen.

Ginger-Drink

500 – 600 ml Sojamilch
1 Prise Salz
1 Banane
1 – 2 Scheiben Ananas
*   oder eine halbe Orange*
*   nach Geschmack*
1 gestrichener TL Ingwerpulver oder
*   etwas weniger frische, geraspelte*
*   Ingwerwurzel*
2 – 3 EL Öl
2 TL Erdnußmus
2 – 4 EL Sirup oder anderes Süßmittel
*   nach Belieben*
1 – 2 Prisen Kumin

Aus den Zutaten nach Grundrezept (s. S. 22) einen Milchshake mixen.

Variation:

• mit Zitronensaft, mit einer Prise Pfeffer oder 1 EL Tahin

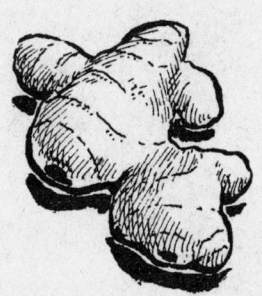

Power-Shake

500 – 600 ml Sojamilch
1 Prise Salz
1 Orange
2 EL Tahin
1 – 2 Äpfel
5 – 6 EL Sanddornsaft
2 – 4 EL Sirup oder Apfeldicksaft
1 – 2 EL Öl

Die Orange teilen und die Äpfel vierteln. Das Obst mit den restlichen Zutaten zu einer Hälfte der Sojamilch geben und nach Grundrezept (s. S. 22) den Milchshake zubereiten.

Love-Milk

350 – 450 ml Sojamilch
200 g frische Früchte nach Wahl
1 Prise Vanille
1 Prise Zimt
1 Prise Muskat
2 – 4 EL Sirup oder anderes Süßmittel nach Belieben
2 Tropfen Rosenöl
1 – 2 Tropfen Ylang Ylang

Früchte eventuell grob zerkleinern, mit den Gewürzen, dem Sirup und dem Ylang Ylang zu einer Hälfte der Sojamilch geben und den Milchshake nach Grundrezept (s. S. 22) herstellen.

Variation:

• statt der Früchte 1 gehäuften EL Cashewnußmus und 1 EL Mandelmus sowie 1 EL angeröstete Kokosflocken zufügen

Mocca-Shake

500 – 600 ml Sojamilch
1 Prise Salz
2 – 3 EL Getreidekaffeepulver
1 – 2 TL Kakao- oder Carobpulver
2 – 4 EL Rübensirup
5 – 8 EL feines Apfelmus
1 TL – 1 EL Nußmus nach Wahl
5 – 6 EL Öl
1 Prise Salz
½ TL Vanille
½ TL Zimt
½ TL Ingwer

Aus den Zutaten einen Milchshake nach Grundrezept (s. S. 22) mixen.

Kiwi-Mandel-Shake

3 – 4 Kiwis
2 EL Mandelmus
2 – 3 EL Sirup
1 Prise Vanille und/oder Zimt
Mandelblättchen zum Garnieren

Die Kiwis schälen und vierteln. Milchshake nach Grundrezept (s. S. 22) herstellen Mandelblättchen darüberstreuen.

Gemüse-Shake

500 – 750 ml Sojamilch
200 – 250 g Gemüse nach Wahl
Shoyu
Misopaste
Gemüsegarwasser (falls vorhanden)
frische Kräuter und Gewürze nach
  Belieben
Tahin zum Abschmecken nach
  Belieben

Das Gemüse kann roh oder vorgegart
sein. Zusammen mit den übrigen
Zutaten daraus einen Milchshake
(s. S. 22) herstellen.

Jay

500 ml Wasser
500 ml Sojamilch
1 – 2 TL Darjeelingteeblätter
¼ TL Ingwer
¼ TL Zimt
¼ TL Kardamom
2 – 4 EL Sirup oder Vollrohrzucker
1 – 2 Tropfen Minze- oder Melissenöl
  nach Belieben

Das Wasser aufkochen, dann die Tee-
blätter, Ingwer, Zimt und Kardamom
dazugeben. Nach einer Minute die
Sojamilch mit den übrigen Zutaten
dazugeben und zwei- bis dreimal kurz
aufkochen lassen. Etwa 2 Minuten
ziehen lassen, absieben und abschmekken. Heiß servieren.

Variation:
• Darjeelingtee durch Kräutertee
  ersetzen

**Anregungen
für weitere Sojamilchshakes:**

- Dattel-Shake
- Aprikosen-Shake
- Himbeer-Schokoladen-Stachelbeer-Shake
- Brombeer-Kirsch-Pistazien-Shake
- Johannisbeer-Nuß-Pflaumen-Shake
- Mango-Feigen-Shake
- Cashewnuß-Pflaumen-Shake
- Feigen-Vanille-Shake
- Schokoladen-Pfirsich-Shake
- Mandelmuß-Bananen-Shake

Rezepte für Okara

Sojakleie oder Okara – die faserigen, sägemehlähnlichen Krümel, die bei der Sojamilch-Zubereitung anfallen – sollten möglichst nur frisch verwendet werden. Okara läßt sich aber auch trocknen und dadurch haltbar machen.

Wegen der besseren Verträglichkeit kann Okara zunächst noch gedämpft oder mit wenig Wasser 10 Minuten gekocht werden. Aber Vorsicht, es brennt leicht an!

Eine Handvoll Okara paßt in viele Suppen und Saucen, in jede Bratlingsmischung, in Keks- und Kuchenteige. Zu einer Gesamtzutatenmenge von etwa 1 kg können 150 – 200 g Sojakleie beigefügt werden, das entspricht 15 – 20 % der Gesamtmenge. Bei Bratlingen ist es empfehlenswert, einen »Probe-Bratling« zu machen, um Teigfestigkeit und Gewürzmenge zu testen.

Okara-Reibekuchen

200 g Okara
1,2 kg Kartoffeln
3 EL Sojamehl
200 g Weizen- oder Reisschrot
1 TL Salz
1 Prise Pfeffer und/oder Curry
Majoran
Kümmel
Hefeflocken
Öl zum Ausbacken

Die Kartoffeln reiben und mit den übrigen Teigzutaten gut verrühren. Den Teig etwa 10 Minuten ruhen lassen, dann kleine dünne Reibekuchen formen und beidseitig in heißem Öl ausbacken, bis sie schön knusprig braun sind.

Variationen:

• mit geriebenem Sellerie
• mit geriebenen Möhren
• mit 1 – 2 EL Tahin
• mit gehacktem Knoblauch
• mit gehackten Pilzen
• mit frischen gehackten Kräutern

Okara-Granola

1 – 2 Tassen Okara
1 – 2 Tassen Müsli

Das Okara in einer trockenen Pfanne unter Rühren trocknen und mit dem Müsli mischen.

Wie Müsli mit Fruchtsaft oder Sojamilch bzw. Sojamilchshakes mischen und servieren.

Okara-Gomasio

2 – 3 Tassen Okara
3 – 4 EL Gomasio (Sesamsalz)
Curry, Paprikagewürz, Pfeffer, Ingwer
   und/oder Muskat nach Belieben

Okara in einer heißen Pfanne ohne Öl unter häufigem Rühren trocknen, dann Gomasio und Gewürze hinzugeben und anschließend diese Mischung trocknen lassen.

Variation:

• sowohl zu Okara-Gomasio als auch zu Okara-Chrunchy (s. S. 28) passen mittelfein bis grob gemahlene Hanfsamen

> Bewahren Sie Okara-Gomasio als Streuwürze im Glas auf.

Okara-Crunchy

2 – 3 Tassen Okara
1 – 2 Tassen feine Hafer-, Hirse-, Reis-
oder 4-Korn-Flocken
3 – 5 EL Kokosflocken
1 – 2 EL Sonnenblumenkerne
1 EL Leinsamen
2 – 4 EL Sirup
Zimt nach Belieben

Zunächst in einer heißen Pfanne das
Okara unter Rühren trocknen und
allmählich die übrigen Zutaten und
zuletzt den Sirup hineinrühren.
5 – 10 Minuten auf kleiner Flamme
rösten, dabei ständig rühren. Nach
Geschmack noch mit etwas Zimt
abschmecken.

Okara-Granola kann zum
Müsli gereicht oder für
unterwegs zum Knabbern
mitgenommen werden.

Tofu selbstgemacht

Ausgangssubstanz für die Tofuherstellung ist Sojamilch. Die Herstellung der Sojamilch ist auf S. 18 beschrieben.

Sie brauchen für etwa 2 kg Tofu:

*Sojamilch aus 1 kg Sojabohnen
(entspricht 7 – 9 l Sojamilch)
15 – 18 g Nigari
1 großen Topf mit Deckel (12 – 14 l,
möglichst Edelstahl)
1 kleinen Topf
1 mittelfeines Tuch aus Leinen oder
Baumwolle (etwa 65 × 65 cm)
1 Tasse
1 Tofu-Preßkasten oder 1 stabiles Sieb
und ein Gewicht (z. B. ein mit
Wasser gefülltes Einmachglas oder
eiserne Waagengewichte)*

So wird's gemacht:

Die Sojamilch sollte frisch verwendet oder wieder erhitzt werden, denn sie sollte so heiß wie möglich sein, aber nicht kochen. Daher am besten den großen Topf mit der Milch nochmals kurz erhitzen. Den kleinen Topf mit etwa 250 ml Wasser, in dem das Nigari aufgelöst wird, ebenfalls erhitzen.

Dann die heiße Gerinnungsflüssigkeit in drei etwa gleichen Teilen im Zeitabstand von etwa 5 Minuten behutsam in die heiße Sojamilch einrühren, zwischendurch den Deckel auflegen. Die Flüssigkeit sollte heiß sein, aber nicht kochen.

Nach dem zweiten Einrühren beginnt die Flüssigkeit zu gerinnen, aber erst nach dem dritten Mal trennt sich die Flüssigkeit in Eiweißflocken und Molke. Diese Sojamolke ist gelblich wie Apfelsaft und sollte eher klar als trüb sein, so daß die »göttlichen Wolken«, aus denen der Tofu entsteht, beim sanften Herumschwimmen beobachtet werden können.

Jetzt kommt das kurz abgewaschene Tuch, mit dem zuvor die Kleie getrennt und gepreßt wurde, über diesen Topf und wird eventuell mit Wäscheklammern befestigt. Mit der Tasse läßt sich jetzt die Molke weitgehend abschöpfen, ohne daß ein Krümel Tofu verloren geht. Dafür mit Hilfe der Tasse das Tuch in die Molke drücken, so daß die Molke durch das Tuch kommt und mit der Tasse abgeschöpft werden kann.

Zuletzt wird das Tuch mit der Unterseite nach oben in den bereitstehenden Tofu-Preßkasten oder das stabile Sieb gehängt und die Tofuflocken mit dem Rest der Molke hineingegeben. Das Tuch wird darüber gut verschlossen und mit Deckel und Gewicht beschwert.

Der Tofu ist, je nach gewünschter Festigkeit und je nach Gewicht, in 15 – 30 Minuten fertig.

Aus jedem Kilogramm trockener Sojabohnen entstehen bis zu zwei Kilogramm Tofu.

Das sollten Sie noch beachten:

Nehmen Sie **so wenig Nigari wie möglich**, denn das aus Meersalz gewonnene Bittersalz Nigari (Magnesiumchlorid) macht den Tofu auch schon bei geringer Überdosierung bitter. Das gleiche gilt für Essig und Zitronensaft, die auch als Gerinnungsmittel empfohlen werden. In Tofufabriken wird oft Kalziumsulfat (die raffinierte Form von Gips) verwendet, das leichter und schneller zu verarbeiten ist und – durch mehr Wassergehalt im Endprodukt – höhere Erträge bringt. Nach der japanischen Tradition gilt Nigari aber als das optimale Mittel für neutralen und schnittfesten Frischtofu.

Die **Molke** eignet sich entweder für Suppen und Saucen oder sogar als Reinigungsmittel und Kosmetik, im eigenen Haushalt kostengünstig und ohne Tierversuche hergestellt und biologisch vollständig abbaubar. Die Lecithinrückstände machen sie zu einem idealen Mittel zum Reinigen der Schüsseln und Töpfe. Auch als Badezusatz, als Haarwaschmittel oder als Bodylotion wird sie wegen ihrer angenehmen Konsistenz gerne verwendet.

Die **Nebenprodukte**, die bei der Tofuherstellung anfallen, haben auch gewisse Nachteile. Da Tofu verträglicher und leichter verdaulich ist als die ganzen Bohnen, müssen die schwerer verdaulichen Bestandteile, wie die Oligosaccharide, im Okara und in der Molke stecken. Okara kann zwar als Hilfsmittel bei schlechter Verdauung wirken, kann aber auch

starke Blähungen verursachen. Daher sei beim Genuß von Okaraprodukten zur Vorsicht geraten (Rezepte für Okara ab S. 26).

Beim Kauf eines **Tofupreßkastens**, womit guter, blockartiger Tofu entsteht, ist auf Qualität und Haltbarkeit zu achten. Ein Metall- ist einem Holzkasten daher vorzuziehen. Deckel und Gewicht sollten so gewählt werden, daß sich der Druck gleichmäßig bis in die Ecken verteilen kann. Der Tofu kann aber auch mit einem Haushaltssieb gepreßt werden. Als Gewichte können z. B. ein mit Wasser gefülltes Einmachglas oder eiserne Waagengewichte, die hin und wieder auf dem Flohmarkt erhältlich sind, dienen.

Aufbewahrung und Haltbarkeit

Frischer Tofu kann in kaltem Wasser gekühlt gelagert werden. Wird das Wasser, das den Tofublock immer vollständig bedecken sollte, täglich gewechselt und der Tofu kalt gestellt (in den Kühlschrank), hält er sich gut zwei Wochen.

Wenn Tofu nicht gelingt, kann das folgende Ursachen haben:

- Die Sojabohnen sind zu alt (älter als ein bis anderthalb Jahre). Dadurch sinkt der Eiweißgehalt und damit der Ertrag in starkem Maße.

- Die Sojamilch ist schon zu sehr abgekühlt und gerinnt daher schlecht.

- Die Nigarilösung ist zu konzentriert oder wurde zu schnell oder zu grob eingerührt. Dadurch wird die Molke trüb und bitter, der Ertrag ist gering, und der Tofu hat eine krümelige Struktur.

- Die eingeweichten Bohnen sind nicht fein genug vermahlen, dadurch ist der Ertrag gering.

Grundrezepte: Tofuvariationen

Wer Tofu fertig kauft, hat die Wahl zwischen den angebotenen Sorten. Wer sich aber Zeit und Muße nimmt, selbst Tofu herzustellen und daran auch noch nach dem ersten und zweiten Mal Spaß und Gefallen findet, für den ist die Auswahl noch viel größer.

Tofu ist nicht gleich Tofu. Der selbstgemachte ist nicht nur der beste, sondern auch der abwechslungsreichste. Selbst vom puren weißen Tofu gibt es verschiedene Variationen, je nachdem, in welchem Stadium er »geerntet« wird.

Weißer Tofu

Nachdem der Sojaquark in das Tuch eingehüllt ist und Deckel und Gewicht darauf liegen, ist für die Festigkeit des Tofu ausschlaggebend, wie lange er sich in dem Kasten befindet. Wird er nach etwa 10 Minuten aus dem Kasten genommen, ist er noch etwas weicher.

Fester Tofu benötigt die längste Zeit im Preßkasten. Da er weniger Wasser enthält, hat er den höchsten prozentualen Eiweißgehalt.

Wenn die Molke fast gänzlich abgeschöpft ist und die Masse schon seit einigen Minuten im Tuch über dem Sieb abgetropft ist, ist die Ausbeute am größten. Die Konsistenz ist dann der von Quark oder Pudding ähnlich. In diesem Zustand kann der Tofu schon, auch mit verschiedenen Zutaten, ob herzhaft oder süß, verzehrt werden.

Herzhafte Variationen:

- mit 1 – 2 EL Shoyu, einer Prise Pfeffer und/oder Curry
- zusätzlich mit 1 – 2 EL gehackter Petersilie, Dill, Schnittlauch, Knoblauch
- mit 1 – 2 EL Hefeflocken, Paprikagewürz und Kumin als »Kräuterquark«, als Brotaufstrich, als Zugabe in die Suppe oder den Salat oder zu Pellkartoffeln, Nudeln und Reis

Süße Variationen:

- mit 1 – 2 EL Sirup und 1 – 2 EL fein geschnittener Früchte wie Erdbeeren, Pfirsichen, Kirschen und nach Belieben einer Prise Vanille und/oder Zimt
- mit 1 – 2 EL Nußmus und/oder Apfelkompott als Dessert oder zum Obstsalat
- als Grundlage für Dressings, Cremespeisen usw.
- als helles Topping für Suppen o. ä.

Tofuquark

Mühelos läßt sich aus jedem festen Tofublock auch Tofuquark herstellen. Der Tofu wird einfach gut zerkrümelt und mit etwas Sojamilch oder Wasser und ganz wenig Öl mit dem Rührstab gerührt, bis er die entsprechende Konsistenz hat.

Gewürzter Tofu

Gewürzte Tofusorten entstehen durch Zugabe verschiedener Zutaten vor dem endgültigen Pressen. Diese werden hinzugefügt, wenn die Molke fast komplett abgeschöpft und abgetropft ist. Es darf nur wenig Salz zugefügt werden, da zuviel Salz durch seine Wasserbindungsfähigkeit das Festwerden des Tofu verhindert.

Die jeweiligen Zutaten werden vorsichtig, aber gründlich unter den Tofu gerührt, diese Mischung ins Tuch und in den Preßkasten gegeben und mit Hilfe eines Gewichts fest gepreßt. Die gewürzten Tofusorten brauchen gewöhnlich etwas mehr Zeit bzw. mehr Gewicht für eine gute Festigkeit. Bei Mischtofu sollte darauf geachtet werden, daß die Zutatenmenge nicht größer ist als bei den übrigen Rezepten.

Die angegebenen Mengen beziehen sich auf etwa 1 kg Ausgangsmasse vor dem Pressen.

Kräutertofu

4 – 6 EL frische, fein geschnittene Kräuter wie Petersilie, Dill, Schnittlauch
2 gestrichene EL Kräutersalz

Nußtofu

4 – 6 EL geröstete, grob gehackte Haselnüsse
1 EL Salz
1 EL Hefeflocken
1 fein gehackte und vorgegarte rote Zwiebel nach Belieben
Curry, Pfeffer, Paprikagewürz nach Belieben

Roter Tofu

7 – 8 EL fein gehackte rote Bete
ggf. etwas rote-Bete-Saft
Salz
1 TL – 1 EL Meerrettich
2 – 3 EL angeröstete Sonnenblumenkerne nach Belieben
Gewürze nach Belieben

Gemüsetofu
5 – 6 EL fein geraspelte Möhren
1 EL fein gehackter Rotkohl
1 EL Hefeflocken
1 gestrichener EL Kräutersalz
1 – 2 Prisen Pfeffer

Pilztofu
5 – 6 EL fein geschnittene und kurz
* angedünstete Champignons*
1 fein gehackte Zwiebel nach
* Belieben*
Kräutersalz, Pfeffer, Muskat

Algentofu
3 – 5 EL kurz in warmem Wasser
* eingeweichte, fein geschnittene*
* Meeresalgen (z. B. Iziki-Algen)*
1 EL Salz
Gewürze nach Belieben

Sprossentofu
5 – 8 EL Sprossen wie Luzerne,
* Radieschen oder Linsen*
Kräutersalz
Gewürze nach Belieben

Mischtofu
insgesamt 6 – 8 EL Algen, Nüsse,
* Kräuter, Sprossen, Zwiebeln nach*
* Belieben*

Marinierter Tofu

Zum Einlegen von Tofuscheiben, -streifen oder -würfeln eignen sich alle Arten von Marinaden. Wenn es mal schnell gehen soll, wird die Marinade konzentriert verwendet, sonst wird sie mit Wasser oder einer anderen Flüssigkeit verdünnt. Die in den folgenden Marinade-Rezepten angegebenen Konzentrationen beziehen sich auf eine Zeit von 30 – 50 Minuten zum Durchziehen, nach Geschmack auch länger.

Jede Marinade läßt sich gut zur späteren Verwendung im Kühlschrank aufbewahren. Sie sollte dann durch Absieben von Tofustücken und -resten befreit sein. Sie kann auch als Grundlage für Suppen oder Saucen Verwendung finden (siehe auch dort ab S. 54).

Curry- oder Paprikamarinade
200 ml Shoyu-Sojasauce
100 ml Wasser
½ TL Curry oder Paprikagewürz

Senf-Koriander-Marinade
200 ml Shoyu-Sojasauce
100 ml Wasser
1 TL Koriander
1 TL Senf

Hefe-Knoblauch-Marinade
200 ml Shoyu-Sojasauce
100 ml Wasser
1 – 2 EL Hefeflocken
1 – 2 fein gehackte Knoblauchzehen

Algenmarinade
200 ml Shoyu-Sojasauce
100 ml Wasser
2 Algenblätter (Arame oder Kombu) in
   die Flüssigkeit legen – ergibt einen
   Geschmack nach Meer
Gewürze nach Belieben

Rotweinmarinade
200 ml Shoyu-Sojasauce
50 ml Wasser
50 ml Rotwein
1 – 2 EL Sauerbratengewürz
   (gibt es fertig zu kaufen)

Kokos-Zimt-Marinade
200 ml Shoyu-Sojasauce
100 ml Wasser
4 – 6 EL Kokosmilch
½ TL Zimt

Süß-saure Marinade
200 ml Shoyu-Sojasauce
100 ml Wasser
1 EL Essig
½ EL Sirup

Zitronen-Orangen-Marinade
200 ml Shoyu-Sojasauce
100 ml Wasser
1 – 2 EL Zitronen- oder Orangensaft

Ingwermarinade
200 ml Shoyu-Sojasauce
100 ml Wasser
½ TL frisch geriebener Ingwer

Gefrorener Tofu

Tofu läßt sich auch einige Zeit einfrieren. Dabei ändert sich jedoch sowohl die Struktur als auch die Farbe. Er wird porös, ähnlich wie ein Schwamm, und leicht gelblich bis hellbraun. Nach dem Auftauen sollte er zunächst gut ausgepreßt werden, da er Wasser gezogen hat. Jetzt kann er in größere Würfel, Scheiben oder Streifen geschnitten und für einige Minuten in eine Marinade gelegt werden (Marinaden ab S. 34). Wichtig ist hierbei, eine mildere Marinade zu verwenden, da dieser Tofu viel mehr aufsaugt als frischer Tofu, oder die Scheiben nach dem Einweichen wieder vorsichtig auszupressen. Anschließend kann der Tofu mit verschiedenen Zutaten gebraten werden.

Räuchertofu

Räuchertofu kann man meist auch dort kaufen, wo es weißen Tofu gibt. Wer Tofu selber räuchern möchte, braucht eine Räuchervorrichtung. Besonders auf dem Lande werden oftmals Räucherschränke gebraucht und günstig angeboten, die an einen Kamin angeschlossen werden.

Empfehlenswert ist es, zuvor marinierte Tofublöcke für Räuchertofu zu verwenden (marinierter Tofu ab S. 34). Die Stücke sollten abgetropft werden, bevor sie auf den Gitterrost in den Räucherschrank kommen. Die »Feuerstelle« wird mit feinem Buchensägemehl, Wacholderbeeren und Rosmarinnadeln ausgelegt. Zum Anzünden benutztes Papier und dünnes Anmachholz muß einige Minuten brennen, bis genügend Glut entstanden ist. Der entstehende Rauch ist fast kalt und muß 10–12 Stunden in der geschlossenen Kammer auf die Tofustücke einwirken und zieht zum Kaminloch hinaus. Diese Methode nennt sich schonende Kalträucherung.

Wichtige Hinweise

Die angegebenen **Backzeiten und -temperaturen** sind Richtwerte, denn mitunter gibt es starke Unterschiede zwischen verschiedenen Herden.

Durch die Hinweise auf **weitere Zutaten oder Variationen** können viele Rezepte abgewandelt werden. Auf diese Weise läßt sich die Rezeptauswahl beliebig erweitern.

Die **Mengenangaben** beziehen sich auf vier Personen, wenn nicht anders angegeben. Je nach Appetit können die Portionen natürlich recht unterschiedlich ausfallen. Torten und Pasteten reichen für sieben, acht oder mehr Personen.

Die **Mengenangaben für Gewürze und Süßungsmittel** dienen nur als Anhaltspunkte. Würzen und süßen Sie nach Ihrem eigenen Geschmack.

Grundrezepte: Tofuzubereitungen

Tofu-Spezialwürfel

300 g Räuchertofu
Pfeffer oder andere Gewürze
nach Belieben
Öl zum Braten

Den Tofu in ganz kleine Würfel schneiden, in heißem Öl schön kroß braten und eventuell mit Pfeffer oder anderen Gewürzen abschmecken.

Variation:

- **Tofustreifen oder Tofudreiecke:** den Tofu erst in etwa 1 cm dicke Scheiben schneiden und diese dann diagonal durchschneiden

Tofucroutons

250 – 300 g Tofuwürfel oder Tofu-
Spezialwürfel (s. nebenstehend)
Marinade nach Wahl (ab S. 34)
2 EL Paniermehl
1 EL Sojamehl
Gemüsegarwasser oder Sojamilch
Salz
Pfeffer
Öl zum Braten

Die Tofuwürfel marinieren. Eine Flüssigpanade aus Paniermehl, Sojamehl, Gewürzen und Flüssigkeit herstellen, die Tofuwürfel oder -Spezialwürfel darin verrühren, wieder herausnehmen und in heißem Öl knusprig ausbacken.

Die Croutons können zu Suppen und Salaten serviert oder als Partysnack gereicht werden.

Tofubratschnitten

Tofu
Marinade nach Wahl (ab S. 34)
Öl zum Braten
*   oder Fett zum Fritieren*

Mit einem Buntschneidemesser den Tofu in dünne und längliche gewellte Scheiben schneiden. Marinieren, abtropfen lassen und in heißem Fett 4 – 5 Minuten fritieren oder in Öl beidseitig braten.

Gekühlt halten sich die Tofubratschnitten einige Tage. Sie schmecken auch kalt, z. B. mit Senf oder Tomatensauce, oder können für die weitere Verwendung in Streifen oder Dreiecke geschnitten werden.

Grilltofu

Weißer Tofu
Marinade nach Wahl (ab S. 34)
Holzspieße

Die Holzspieße einige Minuten in Wasser legen. Den Tofu in 2 – 3 cm große Würfel schneiden, marinieren und abtropfen lassen. Dann auf die Holzspieße stecken und für 3 – 4 Minuten grillen.

Rührtofu

300 – 400 g Tofu
Gemüsebrühe oder Wasser
2 – 3 EL Shoyu
frische Kräuter
Kräutersalz, Knoblauch, Majoran
*   nach Belieben*
Öl zum Braten

Den Tofu gut zerkrümeln und die Kräuter hacken. Das Öl erhitzen, die Tofukrümel dazugeben und öfters wenden. Die übrigen Zutaten einrühren und abschmecken.

Variationen:

- **gelb** wie Rührei wird der Rührtofu mit je 1 gestrichenen TL Curry und Curcuma; eventuell noch mit 1 TL Hefeflocken und eventuell Pfeffer, Majoran, Estragon und Kräutern würzen und mit Erbsen, roten und grünen Paprikawürfeln oder mit Tofu-Spezialwürfeln garnieren

- **rot** wird der Rührtofu mit Tomatenmark, Paprikapaste und Shoyu

- **grün** wird der Rührtofu mit püriertem Spinat und gehackten Kräutern

- **blau** wird der Rührtofu mit gegartem Blaukraut, das püriert und eingerührt wird

Tofutatar

*100 – 200 g geräucherter oder
marinierter Tofu
100 g rote Kidneybohnen
100 g rote Bete
1 – 2 Zwiebeln
Gewürze nach Belieben*

Die Bohnen und die rote Bete kochen,
dann rote Bete und Zwiebel würfeln.
Tofu zerkleinern, mit den übrigen
Zutaten vermischen und durch den
Wolf drehen.

Als Dekoration auf Salatschalen, kalten
Platten oder auf Gurken- oder Rettichscheiben verwenden (siehe auch Partysnacks ab S. 98) oder als Brotbelag.

Tofufiguren

Feste Tofublöcke in etwa ½ – 1 cm
dünne Scheiben schneiden und flach
hinlegen. In den gewünschten Formen
ausstechen (Stern, Tanne, Pilz, Klee-
blatt, Herz, Vogel etc.) und anschließend marinieren (Marinaden ab
S. 34). Besonders schön ist es,
verschiedenfarbige Marinaden zu
verwenden: grüne Marinade für die
Tanne, rote für das Herz, gelbe für
den Stern etc.
Die Tofufiguren vorsichtig aus der
Marinade holen und in heißem Fett
3 – 4 Minuten fritieren oder in der
Pfanne mit einer pikanten Sauce
(ab S. 54) zubereiten (s. auch
Kindermenü S. 73 und Partysnacks
ab S. 98).

40

Rohkost und Salate

Ob gebraten, mariniert oder fritiert, ob als Rührtofu oder im Urzustand: In jeder beliebigen Form paßt Tofu in Salate und Rohkost. Er ist eine leckere Bereicherung und ergänzt, mit einem Tofudressing serviert, den Salat hervorragend. Das wird selbst »Salatmuffel« überzeugen.

Sprossensalat

100 g Tofu
Marinade nach Wahl (ab S. 34)
  oder Öl zum Braten
100 g Möhren, Kohlrabi, Sellerie
  oder Schwarzwurzeln
100 g Äpfel, Birnen
  oder blaue Weintrauben
100 g Radicchio- oder Lollo Rosso-
  Blätter
100 g Radieschensprossen
100 g Luzernesprossen
  (Alfalfasprossen)
100 g grüne Linsensprossen
100 g Mungbohnensprossen
Salatblätter zum Garnieren

Für das Dressing:
300 g Dressing nach Wahl (ab S. 49)

Den Tofu in Würfel oder Streifen schneiden und anschließend marinieren oder braten. Das Gemüse raspeln, die Äpfel oder Birnen würfeln bzw. die Weintrauben ganz lassen oder halbieren. Die Salatblätter fein schneiden und sämtliche Zutaten miteinander vermischen. Mit einem beliebigen Dressing vermischen und auf ganzen Salatblättern dekoriert anrichten.

Rote-Bete-Salat

100 g gelber Rührtofu (s. S. 39)
250 g rote Bete
150 – 200 g Äpfel
1 – 2 Zwiebeln
50 – 100 g Sonnenblumenkerne
  oder Erdnüsse

Für das Dressing:
4 – 6 EL Öl
3 – 5 EL Zitronensaft
1 EL Vollrohrzucker
Salz oder Shoyu
1 EL Meerrettich und/oder Pfeffer

Rote Bete raspeln, Äpfel ebenfalls raspeln oder fein würfeln und Zwiebeln fein hacken. Die Sonnenblumenkerne bzw. die Erdnüsse rösten. Alles gut miteinander vermischen. Aus Öl, Zitronensaft, Vollrohrzucker, Salz bzw. Shoyu und Meerrettich bzw. Pfeffer ein Dressing herstellen, mit dem Salat mischen und einige Minuten ziehen lassen. Den Tofu dann um den Salat herum anrichten.

Variationen:

- mit untergerührten gerösteten Kokosflocken
- mit Senf- oder Kräuter-Meerrettich-Dressing (s. S. 50/51) und frischem gehacktem Dill

41

Selleriesalat

150 g Tofu
Marinade nach Wahl (ab S. 34)
300 g Knollensellerie
150 – 200 g Äpfel
etwas Selleriegrün
  oder Schnittlauch
100 g Haselnüsse
1 – 2 EL Ringelblumenblüten

Für das Dressing:
4 EL Öl
1 EL Zitronensaft
Salz
Pfeffer
Gewürze nach Belieben

Tofu würfeln und marinieren. Knollensellerie und Äpfel raspeln, die Sellerie-
blätter in dünne Streifen schneiden
bzw. den Schnittlauch hacken, Haselnüsse rösten und hacken. Sämtliche
Zutaten vermischen und mit einem
Dressing aus Öl, Zitronensaft, Salz,
Pfeffer und Gewürzen abschmecken.

Variationen:

• Masala, Fenchel und Thymian in das
  Dressing geben
• 1 – 2 EL fein geschnittene Melisseblätter in den Salat geben
• Orangenstückchen zufügen

Bulgursalat

100 g Räuchertofu
400 g Bulgur
1 rote Paprikaschote
1 grüne Paprikaschote
1 – 2 Möhren
1 Zwiebel
2 Knoblauchzehen
1 – 2 EL Minzeblätter
1 – 2 EL Selleriegrün
  oder frische Kräuter
100 g Linsen- oder andere Sprossen

Für das Dressing:
150 – 200 g Tomatendressing
  (s. S. 50)
eventuell einige Lollo-Bianco-Blätter
  zum Anrichten

Den Bulgur garen. Währenddessen
Paprika und Tofu würfeln, Möhren
raspeln, Zwiebel, Knoblauch, Minze
und Selleriegrün bzw. Kräuter fein
hacken. Alles mit dem Tomatendressing und den Sprossen vermischen,
etwas ziehen lassen, abschmecken
und servieren, beispielsweise auf
Lollo-Bianco-Blättern.

Krautsalat

100 – 150 g Tofu
Öl zum Braten
150 g Rotkohl
150 g Weißkohl
150 – 200 g Äpfel
100 – 200 g Sauerkraut
100 g Radieschensprossen
100 g Feldsalat
100 g Radicchioblätter

Für das Dressing:
1 EL Essig
4 EL Öl
Gewürze nach Belieben

Den Tofu in Würfel oder Streifen schneiden und braten. Kohl fein schneiden und Äpfel raspeln. Mit den übrigen Zutaten, mit Ausnahme der Radicchioblätter, gut vermischen, würzen und abschmecken. Vier Salatschalen mit Radicchio auslegen und den Salat darin anrichten.

Sommersalat

150 g Tofutatar (s. S. 40)
4 Tomaten
1 Bund Radieschen
1 Gurke
1 Kohlrabi
100 g Feldsalat
1 Kopf Eichblattsalat

Für das Dressing:
1 Schälchen beliebiges Dressing
nach Wahl (ab S. 49)

Tomaten und Radieschen in Scheiben schneiden, die Gurke mit dem Canneliermesser streifig schälen und dann ebenfalls in Scheiben schneiden, Kohlrabi in dünne Stifte schneiden. Auf einer flachen Schale in der Mitte das Tofutatar anrichten und um dieses herum die Salatblätter und das Gemüse dekorieren.

Wiesensalat

200 g roter oder gelber Rührtofu
  (s. S. 39)
1 Handvoll Brennesselblätter
1 Handvoll Huflattichblüten
  und/oder -blätter
1 Handvoll junge Löwenzahnblätter
4 große Salatblätter
1 Handvoll Gänseblümchen
1 EL Gänsefingerkraut
1 EL Sauerampfer
1 EL Kapuzinerkresse
1 EL Estragon
1 EL Liebstöckel
1 EL Borretsch
1 EL Kerbel
1 – 2 EL Sonnenblumenkerne
  oder Sesam
4 schöne Stiefmütterchenblüten
  zum Garnieren

Für das Dressing:
4 – 5 EL Öl
4 – 5 EL Zitronensaft

Brennesselblätter kurz mit heißem
Wasser übergießen und abtropfen
lassen und anschließend kleinschneiden. Die Huflattichblüten bzw. -blätter
und den Löwenzahn ebenfalls kleinschneiden. Die Kräuter fein hacken
und die Sonnenblumenkerne bzw. den
Sesam rösten. Mit dem Rührtofu und
allen übrigen Zutaten außer den Stiefmütterchenblüten und den Salatblättern gut vermischen und jede
Salatportion auf einem großen Salatblatt mit den Stiefmütterchenblüten
garniert servieren.

Shanghai-Salat

150 g Tofu
Marinade nach Wahl (ab S. 34)
  bzw. Öl zum Braten
  oder Fett zum Fritieren
1 Handvoll Chinesische Pilze
1 Handvoll Kombualgen
300 g Chinakohl
100 – 150 g Bambussprossen
100 g Ananasscheiben
100 g Mungbohnensprossen
100 g Erdnüsse

Für das Dressing:
150 – 200 g Senf-Gurken-Dressing
  (s. S. 51)

Die Chinesischen Pilze und die
Kombualgen einweichen. Den Tofu in
dünne Streifen schneiden, anschließend marinieren, braten oder fritieren.
Pilze, Kombualgen und Chinakohl
ebenfalls in Streifen schneiden, Bambussprossen kleinschneiden, Ananas
würfeln, Erdnüsse halbieren oder grob
hacken. Alle Salatzutaten vermischen.
Das Dressing darübergeben und den
Salat auf Salatblättern anrichten.

Nudelsalat

200 g Räuchertofu
400 – 500 g Nudeln (z. B. Spirelli)
1 grüne Paprika
1 rote Paprika
1 gelbe Paprika
4 Tomaten
100 g Oliven
1 – 2 Zwiebeln
1 – 2 Knoblauchzehen
1 Handvoll frische Basilikumblätter

Für das Dressing:
150 – 200 g Tomatendressing
(s. S. 50)

Die Nudeln kochen und abkühlen lassen. Währenddessen den Räucher-tofu, die Paprikaschoten und die Tomaten fein würfeln. Die Oliven entsteinen und fein hacken, ebenfalls die Zwiebeln, den Knoblauch und den Basilikum fein hacken. Alle Zutaten mit den gekochten Nudeln mischen und mit dem Dressing anrichten.

Variationen:

- mit Tofu-Spezialwürfeln (s. S. 38) und Tofunaise (s. S. 49)
- mit Algenstreifen, gegarten Zucchinischeiben und Kapern

Kartoffelsalat

200 g Tofu
Marinade nach Wahl (ab S. 34)
bzw. Öl zum Braten
oder Fett zum Fritieren
500 g Kartoffeln
Kümmel nach Belieben
1 – 2 rote Zwiebeln
1 – 2 Gewürzgurken
1 Bund Petersilie oder je ½ Bund
Petersilie, Schnittlauch und Dill

Für das Dressing:
300 ml Senf-Gurken-Dressing
(s. S. 51)
Pfeffer
Salz

Die Kartoffeln kochen, nach Ge-schmack etwas Kümmel ins gesalzene Kochwasser geben. Den Tofu in Würfel schneiden und marinieren, braten oder fritieren. Die gekochten Kartoffeln ebenfalls würfeln. Die Zwiebeln hak-ken, Gurken in Scheiben schneiden und die Kräuter fein hacken. Alles gut mit der Tofunaise vermischen, etwas ziehen lassen und mit Salz und Pfeffer abschmecken.

Variationen:

- mit geraspelten Möhren, Rettich und Rotkohl
- mit 200 g Pilzpastete (s. S. 78)
- mit grünem Rührtofu (s. S. 39) und mit gehackten Meeresalgen
- mit je 100 g Tofu-Spezialwürfeln (s. S. 38) und Radieschensprossen

Inter-Salat

100 g Tofu-Spezialwürfel (s. S. 38)
1 Gurke
300 g Erdbeeren
1 Orange
100 g schwarze Oliven
2 Möhren
100 g Sprossen nach Wahl
50 – 100 g Cashewnüsse

Für das Dressing:
250 g Indisches Erdnußdressing
(s. S. 52)

Die Gurke längs halbieren und anschließend in dünne Scheiben schneiden, Erdbeeren kleinschneiden,
Orange filetieren, Oliven entsteinen
und halbieren, Möhren fein raspeln,
Cashewnüsse grob hacken und rösten.
Alle Zutaten mit den Sprossen und
dem Dressing darübergeben und gut
mischen.

Variationen:

* mit blauen Weintrauben statt Oliven
* mit Johannisbeeren oder Bananen
  statt Erdbeeren
* Möhrencreme (s. S. 51) als Dressing
  verwenden

Mexikosalat

150 g würziger Tofu
3 – 4 Tomaten
200 g Maiskörner
150 g rote Kidneybohnen
2 Paprikaschoten
½ TL Chilipulver
2 – 3 EL Sesam

Für das Dressing:
200 g Tomatendressing (s. S. 50)

Den Tofu würfeln und stark anbraten.
Maiskörner und Kidneybohnen garen,
Tomaten in Scheiben und Paprika in
dünne Streifen schneiden. Sesam
anrösten. Alle Zutaten mit dem
Tomatendressing und Chilipulver
vermischen und etwas ziehen lassen.

Variation:

* andere gekochte Bohnen oder gehackte Zwiebeln hinzufügen

Orientsalat

200 g Räuchertofu
   oder marinierter Tofu
2 – 3 Zwiebeln
250 – 300 g Blumenkohl
100 g getrocknete Feigen
50 g Rosinen
50 g Sonnenblumenkerne
50 g Kokosflocken
1 Bund Petersilie
1 TL Koriander
1 – 2 EL Shoyu
1 TL Curry
   oder ½ TL Pfeffer und / oder
   1 TL Kumin

Für das Dressing:
200 ml Soja-Kondensmilch (s. S. 22)
2 – 3 EL Zitronensaft

Sonnenblumenkerne und Kokosflok-ken rösten, Feigen einweichen und anschließend kleinschneiden. Blumen-kohl garen und ebenfalls kleinschnei-den. Tofu würfeln oder zerdrücken. Zwiebeln und Petersilie fein hacken. Alles mit Rosinen, Shoyu und den Gewürzen vermischen und das Dressing aus Soja-Kondensmilch und Zitronensaft unterheben.

Zu Gemüsepakoras (s. S. 69) servie-ren.

Variation:

• die Feigen durch getrocknete Dat-teln oder geraspelte Äpfel ersetzen

Dattel-Zwiebel-Salat

100 g Tofu-Spezialwürfel (s. S. 38)
200 g getrocknete Datteln
300 g rote oder weiße Zwiebeln
1 rote Paprikaschote
1 grüne Paprikaschote
1 gelbe Paprikaschote
Pfeffer
Salz
Koriander und Kumin nach Belieben

Für das Dressing:
200 ml Soja-Kondensmilch (s. S. 22)
   oder Blumenkohldressing
   (s. S. 50).

Die Datteln entkernen, einweichen und anschließend fein hacken, die Zwiebeln ebenfalls fein hacken. Die Paprika würfeln oder in Streifen schneiden. Mit den Tofu-Spezial-würfeln und den Gewürzen mischen und die Soja-Kondensmilch bzw. das Blumenkohldressing unterheben.

Variationen:

• mit gebratenem Pilztofu (s. S 68)
• mit gelbem oder rotem Rührtofu (s. S. 39)
• nur mit Öl und Zitronensaft als Dressing

Obstsalat

1 – 2 Äpfel
1 – 2 Birnen
2 Kiwis
1 Tasse Kirschen, Erdbeeren
  oder Brombeeren
1 Handvoll Rosinen
250 g Pflaumen, Bananen, Pfirsiche,
  Aprikosen, Orangen,
  je nach Angebot

Für das Dressing:
250 – 300 g Dessertcreme nach Wahl
  (ab S. 119)

Die Äpfel würfeln, Birnen ebenfalls
würfeln oder in Scheiben schneiden,
Kiwis in Scheiben schneiden, Kirschen
entsteinen und die größeren Früchte
würfeln. Alle Zutaten mit einer beliebigen Dessertcreme vermischen und
servieren.

Variationen:

• mit gehackten Nüssen, Kokosflok-
  ken, geriebenen Minzeblättern etc.
  verfeinert

• mit Stiefmütterchenblüten garnieren

Als Füllung für Backäpfel, Backbirnen
o. ä. läßt sich der Obstsalat ebenfalls
verwenden.

Dressings

Die Auswahl an Dressings mit Tofu und Sojamilch ist groß. Neben der Geschmacksrichtung können Sie sogar den Fettgehalt selbst wählen. Viele der herkömmlichen Mayonnaisen enthalten 50 – 80 % oder noch mehr Fett und dazu oft in weniger guter Qualität. Dagegen liegt der Fettgehalt dieser Dressings, Dips und Remouladen nur bei 15 – 30 %. Wenn Sie es gerne noch fettärmer haben möchten, verwenden Sie einfach etwas weniger Öl und etwas mehr Tofu.

Tofunaise

150 g Tofu
150 – 200 ml Sojamilch
50 ml Oliven- oder anderes Öl,
* nach Belieben auch mehr*
2 – 3 EL Essig
1 gestrichener TL Salz
* oder Kräutersalz*
1 – 2 TL Gerstenmalzsirup

Den Tofu zerdrücken, mit der Sojamilch mixen und während des Mixvorgangs die übrigen Zutaten hineingeben. So entsteht ein Grunddressing, das sich mit weiteren Zutaten beliebig variieren läßt.

Durch Kaltstellen vor dem Servieren steift das Dressing etwas nach. Fester wird es auch, wenn mehr Öl oder Tofu und weniger Sojamilch verwendet wird.

Was-soll-weg-Dressing

Mit der Tofunaise eine gegarte Kartoffel und rohe oder gekochte Gemüse nach Wahl, wie z. B. Paprikaschoten und Zucchini, Wirsing und Sellerie etc. mitmixen. Auf diese Weise können Gemüsereste bestens verwertet werden.

Variationen:
• mit Tahin
• mit gehacktem Basilikum
• mit eingeweichten Meeresalgen
• mit Peperoni und Tabasco
• **grün:** mit Spinat und Mangold
• **dunkelrot:** mit roter Bete und Shoyu
• **gelb:** mit gelbem Rührtofu und Curry/Curcuma

Tomatendressing

250 g Tofunaise (s. S. 49)
1 – 2 EL frischer gehackter Basilikum
2 – 3 EL Tomatenmark
  oder 2 – 3 frische Tomaten
1 gestrichener TL Salz
1 TL Oregano
1 TL Kräuter der Provence

Wenn frische Tomaten verwendet
werden, diese kleinschneiden. Aus
allen Zutaten ein Dressing mixen und
abschmecken.

Blumenkohldressing

100 g Tofu
150 – 200 ml Sojamilch
50 ml Oliven- oder anderes Öl
2 – 3 EL Essig
1 gestrichener TL Salz
1 – 2 TL Gerstenmalzsirup
100 – 150 g gegarter Blumenkohl
1 TL Curry und 1 TL Bohnenkraut
  nach Belieben

Aus allen Zutaten ein Dressing mixen.

Variation:
- **Lauch-Dressing:** anstatt des Blu-
  menkohls 100 – 150 g gegarten
  Lauch mitpürieren; eventuell mit
  1 EL Hefeflocken und Senf nach
  Belieben abschmecken

Kräuterdressing

100 – 150 g Tofu
150 ml Sojamilch
50 ml Olivenöl
1 Knoblauchzehe
2 EL Petersilie
2 EL Schnittlauch
1 EL Dill
2 – 3 EL Apfelessig
1 TL Kräutersalz
2 TL Gerstenmalzsirup

Den Tofu zerkrümeln, die Kräuter und
den Knoblauch hacken und alles zusammen cremig mixen.

Variationen:
- **Kräuter-Meerrettich-Dressing:**
  zusätzlich 1 EL geriebenen Meerrettich in das Dressing geben
- **Brennessel-Melisse-Dressing:**
  statt frischer Kräuter je 1 – 2 Handvoll Brennessel- und Melisseblätter
  kleinschneiden und mitmixen
  (Brennesselblätter vorher mit
  heißem Wasser übergießen); das
  Dressing mit Melisseblättern
  garnieren

Senf-Gurken-Dressing

100 g Tofu
100 ml Sojamilch
2 Senfgurken
50 ml Olivenöl
2 – 3 EL Essig
1 TL Senf
1 TL Kräutersalz
2 TL Sirup
frische Kräuter nach Belieben

Den Tofu zerkrümeln und die Senfgurken kleinschneiden. Mit allen übrigen Zutaten mixen.

Variation:

• **Senf-Meerrettich-Dressing:** zusätzlich 1 EL geriebenen Meerrettich, oder nach Geschmack auch mehr, zugeben

Möhrencreme

100 g Räuchertofu
100 ml Sojamilch
150 – 200 g Möhren
2 – 3 EL Öl
2 – 3 EL Zitronensaft
1 TL Salz
je ½ TL Pfeffer, Paprika, Curry
  oder Kumin und Koriander
  nach Belieben
1 Prise Pfeffer

Möhren garen und mit den übrigen Zutaten mixen.

Variationen:

• 1 EL geröstete und gehackte Haselnüssen oder Mandeln dazugeben

• 1 – 2 Äpfel mitpürieren

Avocadodressing

150 g Räuchertofu
200 ml Sojamilch
1 große reife Avocado
1 Zwiebel
1 – 2 Knoblauchzehen
1 TL Salz oder Miso
3 – 6 EL Zitronensaft
2 – 4 EL Öl
1 TL Senf
½ TL Pfeffer
1 EL Hefeflocken
1 TL Sirup oder anderes
  Süßmittel nach Belieben

Die Avocado schälen und den Kern
entfernen, die Zwiebel vierteln und
die Knoblauchzehen halbieren. Den
Räuchertofu zerkrümeln und alle
Zutaten cremig mixen, abschmecken,
garnieren und bald servieren.

Indisches Erdnußdressing

80 – 100 g Räuchertofu
1 Zwiebel
1 – 2 Knoblauchzehen
2 EL Erdnußmus
2 – 3 EL Shoyu
1 gestrichener TL Curry
1 gestrichener TL Kumin
1 EL Hefeflocken
Sojamilch nach Belieben
1 – 2 TL Sirup oder anderes
  Süßmittel nach Belieben

Zwiebel vierteln, Knoblauch halbieren
und mit allen Zutaten mixen.

Tofu-Crème-fraîche

170 – 200 g Tofu
120 ml Sojamilch
100 ml Öl
½ TL Salz
½ TL Süßmittel nach Belieben
1 – 2 EL Zitronensaft

Den Tofu zerkrümeln und alle Zutaten schön cremig mixen. Anschließend sofort kaltstellen.

Tofuschlagsahne

170 – 200 g Tofu
120 ml Sojamilch
100 ml Öl
1 Prise Salz
2 EL Vollrohrzucker, heller Sirup oder
   Apfeldicksaft
1 – 2 EL Zitronensaft

Den Tofu zerkrümeln und mit den übrigen Zutaten cremig mixen.

Variationen:

- mit Vanille und/oder Zimt verfeinert
- mit Kirschsaft
- mit 1 TL Carob oder Kakao und/ oder 1 TL Nußmus

Saucen

Als Ergänzung zu Bratlingen, zur Verfeinerung von Aufläufen, zum Dippen für Partysnacks und als Salatdressing: Saucen sind oft die Krönung einer Mahlzeit.

Mit der Grundsauce als Basis können Sie beliebige Saucen durch die Zugabe verschiedener Zutaten kreieren. Dabei können Sie natürlich über die hier angeführten Beispiele hinaus Ihre eigenen Kreationen schaffen.

Grundsauce

100 g Tofu oder Räuchertofu
500 ml Wasser oder Gemüsebrühe
Shoyu
1 – 2 EL Stärkemehl
*   oder 3 – 4 EL Weizen-,*
*   Reis- oder Maismehl*
Kräuter und Gewürze nach Belieben

Die Hälfte des Wassers bzw. der Gemüsebrühe zum Kochen bringen, die andere Hälfte mit dem zerdrückten Tofu und den übrigen Zutaten kurz pürieren und in das kochende Wasser bzw. die Gemüsebrühe einrühren, einige Minuten unter gelegentlichem Rühren mit dem Schneebesen köcheln lassen und anschließend abschmekken. Für Variationen der Grundsauce werden die jeweiligen weiteren Zutaten mitpüriert.

Mit 1 – 2 EL guter Pflanzenmargarine kann die Sauce noch verfeinert werden.

Tofurahmsauce

Grundsauce (s. nebenstehend)
1 EL Margarine
1 – 2 EL Tofu-Crème-fraîche (s. S. 53)
Pfeffer und Muskat nach Belieben

Der Grundsauce die Margarine und die Tofu-Crème-fraîche beifügen und mit den Gewürzen abschmecken.

Senfsauce

Grundsauce (s. S. 54)
1 – 2 Knoblauchzehen
2 – 3 EL guter Senf
Pfeffer
Muskat

Knoblauch fein hacken und mit Senf
und Gewürzen der Grundsauce beifügen.

Pilzsauce

Grundsauce (s. S. 54)
1 Zwiebel
1 – 2 Knoblauchzehen
50 g (oder mehr) Pilze
Öl zum Braten
1 EL Hefeflocken
1 EL Zitronensaft
1 TL Majoran
1 Prise Muskat
1 Prise Pfeffer
1 Msp Nelkenpulver

Die Zwiebeln und den Knoblauch fein
hacken und die Pilze schneiden. In
heißem Öl Zwiebeln, Knoblauch und
Pilze mit dem Zitronensaft glasig
dünsten. Die Grundsauce nach Rezept
herstellen, dabei die Zwiebeln, den
Knoblauch und die Pilze mitpürieren.
Dann die übrigen Zutaten dazugeben
und abschmecken.

Hefesauce

Grundsauce (s. S. 54)
½ TL gehackter Knoblauch
2 – 3 EL Maismehl
1 – 2 EL Shoyu
4 – 6 EL Hefeflocken
½ TL Senf
½ TL Curry

Aus allen Zutaten eine Sauce herstellen.

Variation:

- Tofu-Crème-fraîche statt Tofu und
  Sojamilch statt Wasser verwenden

Geeignet für Vollkornpizza (statt
Käse) oder zu Nudelgerichten.

Spinatsauce

Grundsauce (s. S. 54)
oder Pilzsauce (s. S. 55)
80 – 100 g Spinat
1 – 2 EL Hefeflocken
Senf, Curry, Thymian, Koriander
nach Belieben

Grundsauce oder Pilzsauce nach
Rezept zubereiten, dabei den Spinat
mitpürieren. Mit Hefeflocken und
Gewürzen abschmecken.

»Rühreisauce«

Grundsauce (s. S. 54)
2 – 3 EL Maismehl
100 g gelber Rührtofu
  oder weißer Tofu, mit etwas Curry
  und Curcuma gelb gefärbt
1 – 2 EL Shoyu
1 – 2 EL Hefeflocken
1 – 2 EL Essig nach Belieben
Schnittlauch nach Belieben

Die Grundsauce mit Maismehl und
gelbem Rührtofu oder mit gelb-
gefärbtem Tofu zubereiten. Shoyu,
Essig, Hefeflocken und eventuell
Schnittlauch hinzufügen.

Tomatensauce

100 g Räuchertofu
500 ml Wasser
1 TL Gemüsebrühepulver
1 – 2 EL Stärke
1 – 2 EL Senf
1 – 2 EL Olivenöl
1 – 2 Knoblauchzehen
200 – 250 g Tomatenmark
1 TL Sirup
½ TL Pfeffer
1 – 2 EL Shoyu
1 – 2 EL Hefeextrakt

Alle Zutaten cremig pürieren.

Wenn Sie nur Curry zum Färben des Tofu
verwenden, wird der Tofu zu scharf. Das
können Sie vermeiden, indem Sie den
Tofu mit einer Mischung aus Curry und
Curcuma färben. So wird der Tofu schön
gelb und nicht zu scharf. Sie können statt
Curcuma auch Safran verwenden.

Weitere Variationen für die Grundsauce:

Für die folgenden Variationen werden die jeweiligen Zutaten kleingeschnitten und bei der Herstellung der Grundsauce (s. S. 54) mitpüriert. Gewürze werden anschließend in die Sauce gegeben.

- Grünkernschrot-Dill-Sauce
- Erdnuß-Kumin-Knoblauch-Sauce
- Möhren-Schalotten-Sauce
- Zucchini-Brokkoli-Sauce
- Rotkohl-Apfel-Sauce
- Meerrettich-Algen-Sesam-Sauce
- Kräuter-Paprika-Auberginen-Sauce
- Lauch-Nuß-Apfel-Sauce
- scharfe Dattel-Zwiebel-Sauce mit frischem Ingwer
- Walnuß-Oliven-Rettich-Sauce
- Fenchel-Dill-Sauce
- Curry-Bananen-Sauce
- Rote-Bete-Algen-Tahin-Sauce
- Kapern-Weißwein-Lorbeer-Sauce
- Tomatensauce mit gehacktem Schnittlauch

Jägersauce

100 g Räuchertofu
250 ml Wasser oder Sojamilch
100 g Champignons
50 g Gurken
50 g Möhren
50 g Sellerie
1 saurer Apfel
1 EL Vollkornmehl
1 EL Stärke
1 – 2 EL Tomatenmark
1 – 2 Knoblauchzehen
1 TL – 1 EL abgeriebene Schale
  einer Orange
1 EL Wacholderbeeren
1 Lorbeerblatt
2 – 4 EL Rotwein
2 – 3 EL Tofu-Crème-fraîche
  (s. S. 53)
Shoyu, Salz, Pfeffer, Thymian, Kerbel
  nach Geschmack

Den Räuchertofu gut zerkrümeln, das Gemüse und den Apfel kleinschneiden. Die geschnittenen Champignons dünsten. Etwa die Hälfte des Wassers bzw. der Sojamilch zum Kochen bringen. Das Gemüse, den Räuchertofu und den Apfel zusammen mit Vollkornmehl, Stärke und Tomatenmark pürieren und in das Wasser bzw. die Sojamilch einrühren. Knoblauch fein hacken. Die Sauce etwas köcheln lassen. Mit den Kräutern, den Gewürzen, der Orangenschale und dem Wein abschmecken und leicht einkochen lassen. Zuletzt durchsieben und die Tofu-Crème-fraîche anschließend einrühren.

Süß-saure Sauce

50 g Räuchertofu
1 Zwiebel
1 – 2 Knoblauchzehen
eine halbe Orange
  oder 1 dicke Scheibe Ananas
500 ml Wasser oder Gemüsebrühe
2 – 3 EL Shoyu
1 EL Zitronensaft
1 – 2 EL Wein nach Belieben
1 EL Sirup
1 – 2 EL Stärkemehl
1 TL Ingwer
1 Prise Pfeffer
1 – 2 EL Mango-Chutney
  oder süß-sauer eingelegtes Gemüse
  nach Belieben

Den Räuchertofu zerkrümeln, Zwiebeln und Knoblauch hacken, Orange
schälen und in Schnitze teilen bzw.
die Ananasscheibe kleinschneiden.
Das Wasser bzw. die Gemüsebrühe
aufkochen lassen. Alle Zutaten pürieren, in die kochende Flüssigkeit geben
und mit den Gewürzen abschmecken.

Suppen

In dieser kleinen Auswahl aus den unzähligen Möglichkeiten für Tofusuppen sind die Rezepte in zwei Gruppen unterteilt: Tofucremesuppen, bei denen pürierter oder zerdrückter Tofu die Basis bildet, und solche mit Tofu als Suppeneinlage.

Jede Suppe läßt sich noch mit etwas Margarine oder Öl verfeinern. Besonders gut eignet sich auch Soja-Kondensmilch oder Tofu-Crème-fraîche, entweder als Klecks in die Mitte der Suppe gegeben, oder, wenn diese schon auf dem Teller ist, spiralförmig eingerührt.

Grundrezept für Tofucremesuppe

1 l Wasser
1 gestrichener TL Gemüsebrühe-
 pulver oder 1 – 2 EL Shoyu
200 g Tofu
1 gekochte Kartoffel, 1 EL
 Stärkemehl oder 2 EL Reis-
 oder Weizenmehl
Gewürze nach Belieben

Einen halben Liter Wasser mit Gemüsebrühe bzw. Shoyu erhitzen. Den Tofu zerdrücken und den anderen halben Liter Wasser mit dem Tofu und den übrigen Zutaten im Mixer cremig pürieren, dann ins kochende Wasser geben und unter Rühren mit dem Schneebesen einige Minuten köcheln lassen. Abschmecken und servieren.

Diese Grundsuppe läßt sich mit verschiedenen Zutaten beliebig variieren.

Möchten Sie noch ganze Gemüsestücke in der Suppe haben, so garen sie diese von Anfang an im ersten Teil des Wassers mit Gemüsebrühe mit.

Champignoncremesuppe

Zutaten für Tofucremesuppe
 (Grundrezept siehe nebenstehend)
100 – 150 g Champignons
1 – 2 Zwiebeln
Öl zum Braten
2 EL Zitronensaft
1 TL Majoran
1 – 2 EL Shoyu
1 – 2 EL Hefeflocken
1 Prise Pfeffer
Muskat, Curry, Ingwer nach Belieben

Champignons kleinschneiden und Zwiebeln fein hacken, dann mit Öl und Zitronensaft andünsten. Die Tofucremesuppe nach Grundrezept herstellen und die gedünsteten Champignons mit den Zwiebeln zur Suppe geben, würzen und abschmecken.

Variation:

• Pilze und Zwiebeln zuvor mitpürieren

Tomatencremesuppe

Zutaten für Tofucremesuppe
(Grundrezept s. S. 59)
2 – 3 EL Tomatenmark
Thymian, Basilikum, Majoran,
Kräuter der Provence nach Belieben

Zubereitung nach Grundrezept für Tofucremesuppe, wobei entweder die Tomaten enthäutet und mitpüriert werden oder das Tomatenmark anschließend in die Suppe gerührt wird. Mit den Kräutern abschmecken.

Möhrencremesuppe

Zutaten für Tofucremesuppe
(Grundrezept s. S. 59)
3 – 4 Möhren
1 – 2 EL Tahin
1 TL Miso
½ TL Pfeffer

Zubereitung nach dem Grundrezept für Tofucremesuppe. Dabei die Möhren im ersten Wasseranteil mitgaren, dann aus dem Wasser herausnehmen, kleinschneiden und mit den übrigen Zutaten pürieren.

Variationen:
- mit Kumin, gerösteten Nußstücken und gerösteten Kokosflocken
- mit 1 – 2 Handvoll fein gehacktem Schnittlauch

Seitansuppe

Zutaten für eine der
Tofucremesuppen (ab S. 59)
250 g Seitan
1 Zwiebel
1 Knoblauchzehe
50 – 100 g Champignons
Öl zum Braten
eventuell gehackte Kräuter

Eine der Tofucremesuppen als Basis wählen. Seitan in dünne Streifen schneiden, Zwiebel und Knoblauch fein hacken und Pilze kleinschneiden. Dann den Seitan mit Zwiebel und Pilzen 3 – 5 Minuten anbraten, würzen und in die fertige Suppe geben. Nach Belieben mit gehackten Kräutern garnieren.

Variation:
- den weißen Tofu durch gelben, roten oder grünen Rührtofu ersetzen

Süße Tofucremesuppe

200 g Tofu
500 ml Sojamilch
1 Prise Salz
3 – 4 EL Sirup oder anderes Süßmittel
*   nach Belieben*
500 ml Wasser
2 EL Stärkemehl
*   oder 2 EL Weizen- oder Reismehl*
Zimt, Vanille oder Ingwer
*   nach Belieben*
1 – 2 EL Früchte nach Belieben

Sojamilch mit Salz und Sirup bzw.
anderem Süßmittel erhitzen. Tofu
zerdrücken und das Wasser mit dem
Tofu und den übrigen Zutaten, mit
Ausnahme der Früchte, im Mixer
cremig pürieren, dann in die kochende Sojamilch geben und unter
gelegentlichem Rühren mit dem
Schneebesen einige Minuten köcheln
lassen. Die Früchte hacken. Die fertige
Suppe in Teller füllen und die Früchte
darübergeben.

Variationen:

- mit gerösteten Kokosflocken oder
  gehackten Nüssen

- mit zerriebenen Melisse- und/oder
  Minzeblättern

- pro Teller 1 EL Mocca-Shake
  (s. S. 24) spiralförmig einrühren

Misosuppe

100 g Tofu beliebiger Art
1 l Wasser
1 – 2 EL Miso
2 Möhren
1 Stange Lauch
1 – 2 EL Hijiki- oder Kombualgen
1 – 2 EL Petersilie
1 TL Pfeffer oder Curry

Wasser mit Miso erhitzen. Gemüse
in 6 cm lange, ganz dünne Streifen
schneiden, die Algen einweichen und
fein schneiden, die Kräuter ebenfalls
fein schneiden und den Tofu würfeln.
Tofu, Gemüse, Algen und Gewürze
anschließend in die Suppe geben.

Variationen:

- eine fein gehackte Zwiebel in Öl
  anbraten, 2 – 3 EL gehackte Pilze
  dazugeben und dann die übrigen
  Zutaten hinzufügen

- mit anderen Gemüse- und
  Algensorten

- mit Getreide

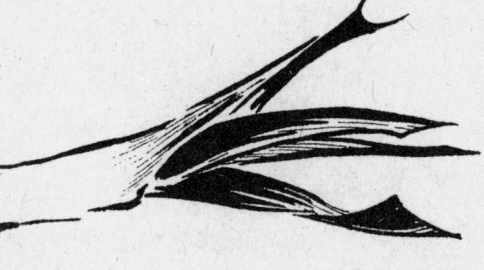

Gemüsesuppe

100 g Tofu
1 – 2 Zwiebeln
100 g Rosenkohl
1 Möhre
1 – 2 Tomaten
frischer Dill
frischer Schnittlauch
frischer Kerbel
1 l Wasser
1 gestrichener EL Gemüsebrühe-
pulver
Salz
Pfeffer

Die Zwiebeln fein hacken, den Rosenkohl halbieren, die Möhre in dünne
Scheiben schneiden, die Tomaten
halbieren und die Hälften in Scheiben
schneiden. Die Kräuter hacken. Wasser mit Gemüsebrühe und Gemüse
aufsetzen, 5 Minuten köcheln lassen,
würzen und abschmecken. Den Tofu
würfeln und zuletzt dazugeben. Das
Gemüse darf ruhig noch etwas Biß
haben.

Variation:

• mit gelbem Rührtofu als alternative
»Eierstich«-Einlage

Tofugulasch-Suppe

150 – 200 g gut angebratenes
Tofuragout (s. S. 64)
2 große Kartoffeln
50 – 100 g Bohnen oder Erbsen
800 ml Wasser
1 gestrichener EL
Gemüsebrühepulver
2 – 3 Paprikaschoten
1 – 2 Zwiebeln
1 – 2 Knoblauchzehen
50 – 100 g Pilze
Pfeffer, Salz, Paprikagewürz, Oregano,
Thymian, Estragon, Bohnenkraut,
Muskat nach Belieben

Kartoffeln und Bohnen bzw. Erbsen
kochen, die Kartoffeln anschließend
zerdrücken. Den Paprika würfeln, die
Zwiebeln und den Knoblauch fein
hacken und die Pilze in Scheiben
schneiden. Alle Zutaten außer
Tofuragout und Gewürzen zusammen
erhitzen, dann würzen und abschmekken und zuletzt das Tofuragout einrühren.

Variationen:

• statt mit Kartoffeln mit Vollkornmehl
oder Stärke andicken

• statt des Tofuragouts mit fritierten
Tofuwürfeln, Tempeh- oder Seitan-
stückchen

• in Streifen geschnittenen Rotkohl,
Spinat, Fenchel, Auberginen, Tomaten und Algen etc. hinzufügen

Bodenfelder Tofusuppe

100 g Räuchertofu
800 ml Wasser
100 g Weizen
100 g Spinat oder Mangold
1 – 2 Zwiebeln
1 – 2 TL Senf
2 – 3 Knoblauchzehen
100 g gelbe Steckrüben
Salz oder Shoyu
1 Prise Pfeffer
1 Prise Muskat
1 Prise Ingwer

Zum Garnieren:

50 – 100 g Hanfsamen
1 Handvoll Dahlien-
  und/oder Gänseblümchenblüten
100 ml Tofu-Crème-fraîche (s. S. 53)

Den Weizen einige Stunden im Wasser quellen lassen, Tofu zerkrümeln, Spinat bzw. Mangold kleinschneiden, Knoblauch hacken, Steckrübe würfeln und die Hanfsamen zum Garnieren rösten. Das Wasser mit dem gequollenen Weizen zum Kochen bringen, Tofu mit dem Spinat, den Zwiebeln, dem Senf und dem Shoyu kurz pürieren und in das Wasser einrühren. Wenn der Weizen mit dem Tofu und dem Gemüse gar ist (nach etwa 15 Minuten) mit den Gewürzen abschmecken. In Suppenteller geben und mit Hanfsamen, Tofu-Crème-fraîche und den Blumenblüten garnieren.

Vom-Spaziergang-zurück-Suppe

100 – 200 g Tofu
Öl zum Braten
3 – 4 Kartoffeln
1 Handvoll Löwenzahnblätter
0,8 – 1 l Wasser
8 –10 frische junge Brennesseln
1 TL Gemüsebrühepulver
  oder 1 EL Miso
2 – 3 Holunderblütendolden
Gartenkresse
einige Minzeblätter
einige Borretsch-, Ringelblumen-
  und Gänseblümchenblüten
1 TL Lavendelblüten
frische gehackte Kräuter und
  Gewürze nach Belieben

Den Tofu würfeln oder in Scheiben schneiden und braten, die Kartoffeln kochen und anschließend kleinschneiden. Die Löwenzahnblätter kleinschneiden. Das Wasser erhitzen und die Brennesseln für 2 Minuten hineingeben, dann wieder herausnehmen. So können sie ohne Verbrennungsgefahr angefaßt und kleingeschnitten werden. Die Kartoffeln mit etwas Wasser mit Gemüsebrühe bzw. Miso pürieren, in das Kochwasser einrühren und einige Minuten köcheln lassen, vom Feuer nehmen und die restlichen Zutaten hineingeben. Abschmecken und mit Knoblauch-Vollkornbaguette servieren.

Variation:

• einige Scheiben Sterntofu
  (s. Tofufiguren S. 40) in die Suppe
  geben

Hauptgerichte

Tofu als Fleischersatz für paniertes »Schnitzel«, für Bolognese und Lasagne ist längst nicht alles, was Tofu an Hauptgerichten zu bieten hat. Auch hier ist die Verwendung von Tofu äußerst vielseitig.

Ob Sie dazu Pell- oder Salzkartoffeln, Nudeln, Hirse oder Vollreis anbieten, bleibt ganz Ihrem Geschmack überlassen.

Tofugeschnetzeltes

400 g Tofu
Öl zum Braten
2 – 3 EL Vollkornmehl oder Reismehl
½ TL Curry
1 TL Paprikagewürz oder Pfeffer
½ TL Majoran
1 EL Hefeflocken
200 ml Gemüsebrühe
1 EL Essig oder 2 EL Weißwein
  nach Geschmack
2 – 3 EL Tofu-Crème-fraîche

Den Tofu gut zerkrümeln und in heißem Öl anbraten, 1 – 2 EL Vollkornmehl, Gewürze und Hefeflocken darüberstreuen und verrühren. Dann etwas Gemüsebrühe und Essig bzw. Weißwein zufügen. Wenn diese Flüssigkeit nach etwa 3 Minuten etwas eingeköchelt ist, das restliche Vollkornmehl darüberstreuen und gut einrühren. Das Geschnetzelte wird fester, wenn es länger köchelt. Zuletzt die Tofu-Crème-fraîche einrühren.

Zu Salzkartoffeln oder Vollkornnudeln servieren.

Variation:

• eine gehackte Zwiebel und/oder
  50 – 100 g kleingeschnittene
  Champignons hinzufügen

Tofuragout

300 g Tofu
Rotweinmarinade (s. S. 35)
Öl zum Braten oder Fett zum
  Fritieren
1 Knoblauchzehe nach Belieben
Salz, Paprikagewürz, Pfeffer,
  Koriander, Curry nach Belieben
etwas Zitronensaft

Den Tofu in etwa 1½ cm große Würfel schneiden, die Würfel marinieren und würzen, nach etwa 30 Minuten abtropfen lassen und entweder in heißem Öl auf allen Seiten kroß braten oder 3 – 4 Minuten in schwimmendem Fett fritieren (das geht schneller und ist einfacher). Auf Kreppapier abtropfen lassen und servieren.

Zuletzt noch mit etwas Zitronensaft beträufeln.

Variation:

• mit Senf-Koriander-Marinade
  (s. S. 35)

Paniertes Tofuschnitzel

4 große Tofuscheiben
Marinade nach Wahl (ab S. 34)
2 Handvoll Paniermehl
1 – 2 EL Hefeflocken
Curry, Paprikagewürz, Salz,
*   Pfeffer nach Belieben*
Öl zum Braten

Zum Garnieren:
2 – 4 Tomaten
2 Zitronenscheiben
einige Salatblätter

Die Tofuscheiben in Scheiben schneiden und marinieren. Das Paniermehl in eine Schüssel geben und mit etwas Curry, Paprikagewürz, Pfeffer und den Hefeflocken würzen. Die Tofuscheiben beidseitig damit bestreuen und vorsichtig von beiden Seiten in heißem Öl 2 – 4 Minuten braten. Tomaten vierteln, Zitronenscheiben halbieren. Den Tofu mit einer halben Zitronenscheibe und Tomatenvierteln auf dem Salatblatt servieren.

Variation:

• sowohl die Trockenpanade aus diesem Rezept als auch Flüssigpanade (s. S. 38, Tofucroutons) zubereiten und die Tofuscheiben zuerst flüssig, dann trocken panieren und anschließend fritieren

Käpt´n Tofu

400 g Räuchertofu
200 ml Wasser
2 EL Shoyu
1 – 2 EL Meeresalgen
1 – 2 EL Paniermehl
½ EL Sojamehl
1 EL Hefeflocken
Fett zum Fritieren

Den Räuchertofu in etwa 1½ cm dicke, 3 – 4 cm breite und 8 cm lange Stäbchen schneiden. Die Meeresalgen zerkleinern. Wasser, Shoyu und Algen mischen und den Tofu darin einlegen. Nach etwa 30 Minuten wieder herausnehmen und die Flüssigkeit mit Paniermehl, Sojamehl und Hefeflocken zu einer Flüssigpanade mischen. Die kurz marinierten Räuchertofuscheiben damit panieren und in heißem Fett goldgelb fritieren.

Noch mehr »Meeresgeschmack« erhalten Sie, wenn Sie die Algen nach dem Marinieren pürieren und in die Panade geben.

Chili con Tofu

400 g Tofu
150 g rote Bohnen
3 – 4 Tomaten
1 große Zwiebel
1 – 2 Knoblauchzehen
2 – 3 EL Öl zum Braten
2 Paprikaschoten
500 ml Gemüsebrühe
2 – 3 EL feines Vollkornmehl
1 TL Miso
½ TL Chilipulver
gemahlener Kümmel
Curry und Pfeffer nach Belieben

Die Bohnen garkochen. Den Tofu würfeln oder grob zerkrümeln, die Tomaten in grobe Stücke schneiden, Zwiebel und Knoblauchzehen fein hacken, Paprika fein schneiden. Den Tofu mit Zwiebeln und Knoblauchzehen in Öl anbraten, nach etwa 5 Minuten Gemüsebrühe und Vollkornmehl einrühren, anschließend die übrigen Zutaten hinzufügen. Nach etwa 3 Minuten von der Kochstelle nehmen und heiß servieren. Nach Geschmack mit Curry und Pfeffer nachwürzen.

Tofubolognese

300 g marinierter
*   oder geräucherter Tofu*
500 – 600 g Vollkornspaghetti
1 – 2 Zwiebeln
1 – 2 Knoblauchzehen
Öl zum Braten
100 g Tomatenmark oder -püree
2 – 4 EL Shoyu
200 ml Wasser oder Gemüsebrühe
½ TL Oregano
½ TL Basilikum
½ TL Bohnenkraut
½ TL Thymian
½ TL Kräuter der Provence
2 – 4 EL Rotwein nach Geschmack

Die Vollkornspaghetti garen, Tofu zerkrümeln, Zwiebeln und Knoblauch fein hacken. Zwiebeln in dem heißen Öl glasig dünsten, dann nach und nach die übrigen Zutaten zugeben und alles zusammen etwa 5 Minuten garen lassen. Anschließend abschmecken und über die Spaghetti geben.

Variation:

• rote Kidney- und andere Bohnen, Sellerie und Möhren, frische Tomaten und Paprikaschoten, jeweils klein geschnitten, hinzufügen

Tofuroulade

200 g Tofu
Marinade nach Wahl (ab S. 34)
4 große Kohlblätter,
(Wirsing, Mangold o. ä.)
200 ml Gemüsebrühe
1 TL Senf
1 TL Miso
1 TL Tomatenmark
1 Bund Petersilie oder Dill
1 – 2 Zwiebeln
1 – 2 Knoblauchzehen
Öl zum Braten
200 g Getreideschrot
100 g Hafer- oder Reisflocken
1 TL Pfeffer oder Paprika

Die Kohlblätter in Salzwasser etwa
5 Minuten vorgaren, den Strunk herausschneiden und die Blätter ausbreiten. Die Gemüsebrühe mit Senf, Miso
und Tomatenmark verrühren. Die
Kräuter hacken. Den Tofu marinieren
und anschließend zerdrücken. Zwiebeln und Knoblauch anbraten, mit
dem zerdrückten Tofu, dem Getreideschrot, den Hafer- oder Reisflocken
und den Kräutern vermischen. Je ein
Viertel von dieser Mischung auf die
Mitte eines Kohlblattes geben, einrollen und ggf. mit einem Zahnstocher
feststecken. In einen eingefetteten
Bratentopf geben. Die aus der Gemüsebrühe hergestellte Würzbrühe dazugeben und 15 – 20 Minuten garen
lassen.

Variation:

• Getreideschrot und -flocken durch
  gekochte Hirse, Reis oder Bulgur
  ersetzen

Lasagne

500 – 600 g Tofubolognese (s. S. 66)
100 g Grünkern- oder Weizenschrot
12 Lasagneblätter (ohne Vorkochen)
200 g Pilzsauce (s. S. 55)
Gewürze nach Belieben

Tofubolognese mit Getreideschrot
mischen und mit Gewürzen abschmecken. Eine gefettete Backform
mit vier Lasagneblättern auslegen, die
Hälfte der Tofumasse daraufgeben,
vier Lasagneblätter darüberschichten
und die übrige Tofumasse darübergeben. Diese Schicht wiederum mit
Lasagneblättern belegen, darauf die
Pilzsauce verstreichen und etwa
40 Minuten bei 250° C backen.

Pilztofu im Ring

200 g Tofu
400 g Buchweizen
1 EL Gemüsebrühepulver
200 g Champignons
2 große Möhren
1 Paprikaschote
1 Zwiebel
1 Knoblauchzehe
Öl zum Braten
1 TL getrocknete Minze
2 – 3 EL Shoyu
1 TL Majoran
1 Prise Muskat
Sauce nach Wahl (ab S. 54)

Den Buchweizen mit Gemüsebrühe-pulver in kochendes Wasser geben und garen, die Champignons und den Tofu würfeln, die Möhren in dünne Stifte schneiden, die Paprikaschote fein würfeln, Zwiebeln und Knoblauch hacken und die Minze reiben. In dem heißen Öl zunächst die Champignons, den Tofu, Zwiebel, Knoblauch und das Gemüse etwa 10 Minuten dünsten, dann den Buchweizen hinzugeben, noch etwas garen und anschließend mit den Gewürzen abschmecken. Je ein Viertel des Getreides ringförmig auf Tellern anrichten, den Pilztofu in die Mitte geben und sofort servieren.

Nudelberg

Für 5 – 6 Personen:
250 g Tofubratschnitten (s. S. 39)
200 g Rosenkohl
2 – 3 Knoblauchzehen
1 rote Paprikaschote
1 grüne Paprikaschote
2 l Wasser
30 g Gemüsebrühepulver
400 g Spirelli
80 – 100 g Stärkemehl
2 EL Gomasio (Sesamsalz)
1 EL Oregano
1 gestrichener TL Paprikagewürz
1 TL Majoran
1 EL Tahin
1 – 2 EL Hefeflocken
Tomatensauce (s. S. 56)
*   oder Pilzsauce (s. S. 55)*
Öl für die Form

Den Rosenkohl vierteln, den Knob-lauch fein hacken, die Paprikaschoten und die Tofubratschnitten klein wür-feln. Das Wasser mit der Gemüsebrü-he zum Kochen bringen. Die Nudeln knapp 10 Minuten darin garen, dann alle restlichen Zutaten, außer der Tomaten- bzw. Pilzsauce, dazugeben und gut umrühren. 2 – 3 Minuten köcheln lassen und beiseite stellen. Eine Glasschüssel in passender Größe einfetten und die Masse zum Festwer-den hineinfüllen. Nach 15 – 20 Minu-ten auf einen großen Teller stürzen und in Stücke schneiden. Mit Toma-ten- oder Pilzsauce servieren.

> Abgekühlt lassen sich geschnittene Teile vom Nudelteig auch einzeln knusprig braten.

Gemüsepakoras

100 – 200 g Tofuwürfel
Öl zum Braten
und/oder Fett zum Fritieren
400 – 500 g Gemüse nach Wahl
500 g Vollkornmehl
2 EL Sojamehl
250 ml Wasser oder Gemüsebrühe
3 – 4 EL Shoyu
1 TL Curry
1 TL Kumin
1 TL Ingwer oder Paprikagewürz
nach Belieben

Den Tofu würfeln und braten oder
fritieren. Das Gemüse in Würfel oder
Streifen schneiden und garen. Aus
dem Vollkornmehl, der Flüssigkeit,
dem Shoyu und den Gewürzen einen
leicht flüssigen Teig rühren. Die
Konsistenz sollte der eines Pfann-
kuchenteigs ähneln. Den Tofu und
das Gemüse hinzugeben, einrühren
und löffelweise in heißem Fett für
3 – 4 Minuten kroß fritieren und
anschließend abtropfen lassen.

Schmeckt warm und kalt.

Gefüllte Paprikaschoten

250 – 300 g marinierter
oder geräucherter Tofu
100 g Reis, Buchweizen oder
Grünkern
4 mittelgroße Paprika
1 – 2 Zwiebeln
1 – 2 Knoblauchzehen
2 EL Öl zum Braten
1 TL Oregano
1 TL Kräutersalz
1 – 2 EL Zitronensaft
Öl für die Auflaufform

Zum Garnieren:
2 – 3 EL Schnittlauch
4 TL Tofu-Crème-fraîche (s. S. 53)

Das Getreide garen. Die Deckel von
den Paprikaschoten abschneiden und
die Schoten entkernen. Zwiebeln und
Knoblauch fein hacken und zusammen mit dem Tofu in heißem Öl einige Minuten braten und nach Belieben
würzen. Schnittlauch hacken. Das
Getreide zusammen mit der Tofu-
Zwiebel-Knoblauch-Mischung und drei
Vierteln des Schnittlauchs gut vermischen und in die Paprikaschoten
füllen. Die gefüllten Paprikaschoten
nebeneinander in die gefettete Auf-
lauform stellen und bei mittlerer
Hitze 20 – 30 Minuten im Backofen
backen und vor dem Servieren mit
Tofu-Crème-fraîche und Schnittlauch
garnieren.

69

Gefüllte Artischocken

100 g Tofu
Marinade nach Wahl (ab S. 34)
4 Artischocken
750 ml Gemüsebrühe
100 g Erbsen oder Linsen
2 – 4 Schalottenstiele
1 – 2 Knoblauchzehen
2 – 3 EL Champignons
1 TL – 1 EL fein gehackter Dill
Öl zum Braten
1 – 2 EL Zitronensaft
Salz
Pfeffer

Zum Garnieren:
4 schwarze Oliven
4 EL Tofu-Crème-fraîche (s. S. 53)

Den Tofu marinieren und anschließend zerkrümeln. Die Artischocken gründlich waschen und Stiele und Böden abschneiden, die Artischocken müssen gut stehen können. Die Blattspitzen mit der Schere abschneiden und die Artischocken nochmals waschen, in kochende Gemüsebrühe geben und etwa 40 Minuten köcheln lassen. Erbsen bzw. Linsen garkochen, Schalottenstiele fein schneiden, Knoblauchzehen und Champignons fein hacken. In heißem Öl Pilze, Schalotten und Knoblauch dünsten und zusammen mit dem Tofu pürieren. Das Püree mit Erbsen bzw. Linsen vermischen und mit Dill, Zitronensaft, Salz und Pfeffer abschmecken. Die inneren Blätter der Artischocken herausnehmen und das »Heu« entfernen. Das Tofuerbsenpüree hineinfüllen und die Artischocken etwa 30 Minuten auf einem gefetteten Blech backen. Mit Oliven und Tofu-Crème-fraîche garnieren.

Fenchel-Tofu-Pfanne

150 – 200 g Tofu
Marinade nach Wahl (ab S. 34)
300 g Fenchel
2 – 3 Tomaten
1 Zwiebel
1 – 2 Knoblauchzehen
Öl zum Braten
2 – 3 TL frischer Basilikum
5 – 10 Walnüsse
1 – 2 Äpfel
1 TL Kräutersalz
1 TL Senf
1 TL Curry
1 EL Hefeflocken
1 TL Bohnenkraut
1 Prise Pfeffer

Den Fenchel in 8 – 10 Stücke schneiden und in wenig Wasser garen. Den Tofu marinieren und in Würfel oder Streifen schneiden, die Tomaten kleinschneiden, die Zwiebeln, den Knoblauch und den frischen Basilikum fein, die Walnüsse grob hacken. Den Apfel würfeln. Dann den Tofu mit allen Zutaten außer Fenchel und Nüssen in Öl anbraten und würzig abschmecken. Den Fenchel anrichten, die gehackten Walnüsse darüberstreuen und die Tofumischung dazugeben.

Servieren Sie zu diesem Pfannengericht Salzkartoffeln, die mit je ½ TL Curry und Kurkuma im Kochwasser gelb gefärbt sind, und bestreuen Sie diese mit fein gehackter Petersilie.

Rotkohltofu

150 – 200 g Tofu
8 Kartoffeln
1 Kopf Rotkohl
1 l Wasser
1 TL Gemüsebrühepulver
2 saure Äpfel
1 Zwiebel
1 EL Hefeflocken
2 – 3 EL Vollkornmehl
1 – 2 Lorbeerblätter
1 EL Sauerbratengewürz
1 – 2 EL Rosinen
1 TL Paprikagewürz
Salz oder Shoyu
Pfeffer
1 TL Süßmittel nach Belieben
1 Prise Zimt
Rotwein nach Belieben

Die Kartoffeln halbieren und den Kohlkopf in acht Stücke teilen. Beides zusammen in Wasser mit Gemüsebrühe bißfest garen (die Kartoffeln erhalten dadurch eine rote Farbe), die Kartoffeln dann herausholen und warm halten. Äpfel und Zwiebel würfeln, mit allen anderen Zutaten (außer den warmgehaltenen Kartoffeln) in den Kohltopf geben und etwas köcheln lassen, bis das Gericht angedickt ist. Die Lorbeerblätter herausholen, den Rotkohl-Tofu abschmecken und mit den gefärbten Kartoffeln servieren.

> Hierzu passen noch gehackte Walnüsse und gelbe oder grüne Tofunaise.

Yellow-Sunshine-Tofu

300 g gelber Rührtofu (s. S. 39)
100 g roter Rührtofu (s. S. 39)
200 g Brokkoli
3 Möhren

Eine der Möhren in Stifte schneiden, die anderen beiden der Länge nach mit dem Canneliermesser einschneiden und in Scheiben schneiden. Alle Möhren zusammen mit dem Brokkoli bißfest garen, dann die Möhrenstifte herausnehmen. Das übrige Gemüse auf Tellern anrichten, neben dem Gemüse den gelben Tofu und darauf in die Mitte (als »Sonne«) den roten Tofu anrichten. Auf dem gelben Tofu die Möhrenstifte strahlenförmig um den roten Kreis herum anordnen.

Dazu paßt gut Grünkern oder Buchweizen.

Sultans-Satans-Tofu

300 – 400 g Tofu
Marinade nach Wahl (ab S. 34)
2 rote Zwiebeln
1 Aubergine
1 rote Paprikaschote
4 – 5 getrocknete Datteln
1 Orange
1 – 2 EL Rosinen
1 gestrichener TL Kebabpaste
2 – 3 EL Shoyu
2 – 3 EL Zitronensaft
je 1 TL Kumin, Koriander, Curry,
*   Pfeffer oder scharfes Paprikagewürz*
*   nach Belieben*
Öl zum Braten

Den Tofu marinieren und fein würfeln oder zerkrümeln, die Zwiebeln in Ringe schneiden, die Aubergine der Länge nach durchschneiden und, ebenso wie die Paprika, dann in Scheiben schneiden. Die Datteln entkernen und hacken, die Orange schälen, zerteilen und würfeln. In dem heißen Öl die Zwiebeln anbraten, Auberginen und nach und nach die übrigen Zutaten einrühren und alles zusammen braten.

Mit Basmatireis und süß-saurer Sauce (s. S. 58) servieren.

Gnocchi mit Gemüseschaum

Für etwa 15 Stück:
100 g Tofu
60 g Vollkornmehl
1 EL Sojamehl
1 TL Senf
1 EL Meerrettich
1 EL Shoyu
½ TL Salz
½ TL Pfeffer oder Curry
150 g Steckrüben
150 g rote Bete
2 – 3 EL Zitronensaft
½ TL Pfeffer
½ TL Süßmittel nach Belieben
1 Bund Schnittlauch
150 g Tofu-Crème-fraîche (s. S. 53)

Den Tofu mit Vollkorn- und Sojamehl, Senf, Meerrettich, Shoyu, Salz und Pfeffer bzw. Curry gut zu einem Teig durchkneten. Anschließend 20 Minuten ruhen lassen. Aus dem Teig Gnocchi (kleine längliche Klößchen) formen. Die Steckrüben und rote Bete kleinschneiden, garen und anschließend mit Zitronensaft, Pfeffer, Süßmittel und der Hälfte der Tofu-Crème-fraîche pürieren und abschmecken. Gesalzenes Garwasser zum Kochen bringen, Gnocchi 10 – 15 Minuten darin köcheln lassen, bis sie oben schwimmen. Das Gemüsepüree mit dem Rest der Tofu-Crème-fraîche garnieren und zu den Gnocchi servieren.

Dazu passen gut Spinatnudeln.

Kindermenü

Für eine Portion:
je 1 Tofuvogel, 1 Tofustern
  und 1 Tofuscheibe (s. S. 40)
Marinade nach Wahl (ab S. 34)
Fett zum Fritieren
1 kleine Möhre
Rotkohl
100 g Kartoffelpüree
Curry und Curcuma
  zum Färben des Kartoffelpürees
1 Klecks Spinatsauce (s. S. 55)

Die Tofufiguren marinieren und
knusprig fritieren. Möhren oder
Rotkohl garen, Möhren in Stifte und
Rotkohl in Streifen schneiden. Das
Kartoffelpüree herstellen, dabei – für
die gelbe Farbe – Curry oder Curcuma
unterrühren.

Mit diesen Zutaten ein buntes Bild auf
jedem Teller dekorieren: Das Kartoffelpüree bildet die Erde, auf der der
Vogel steht, der am Grünfutter nascht
(Spinatsauce). Die Tofuscheibe ist die
Sonne, die daneben scheint. Die
Gemüsestifte bilden die Sonnen-
strahlen. Darüber scheint der Tofustern, und die Rotkohlstreifen bilden
auf beiden Seiten davon die Wolken.

Aufläufe

Ob deftiger Grünkernauflauf oder exotischer Mandelauflauf: Auch bei Aufläufen ist der Tofu in seiner Vielseitigkeit unschlagbar. Und daß auf das Überbacken mit Käse durchaus verzichtet werden kann und auch Eier nicht fehlen, davon können Sie sich selbst überzeugen.

Grünkernauflauf

250 g Räuchertofu
1 große Zwiebel
100 g Erbsen, Linsen oder Bohnen
200 g Grünkernschrot
Öl für die Auflaufform

Für die Sauce:
5 Peperoni
 und/oder 30 – 50 g Kapern
1 EL Stärke
1 EL Shoyu
1 – 2 EL schwarze Oliven
1 EL Hefeflocken
300 ml Wasser oder Gemüsebrühe
1 TL Basilikum

Den Räuchertofu würfeln, die Zwiebel und die Peperoni kleinschneiden und die Oliven entkernen und kleinschneiden. Erbsen, Linsen oder Bohnen garkochen. Die Zutaten für die Sauce mit 150 g Räuchertofuwürfeln mixen und mit Grünkernschrot, der Zwiebel, den Bohnen und 100 g der Räuchertofuwürfel vermengen. Zwei Drittel der Sauce unterheben, alles in eine eingefettete Auflaufform geben, die restliche Sauce darübergeben und glattstreichen. Bei etwa 180° C 30 – 40 Minuten backen.

Bulgurauflauf

250 g Räuchertofu
250 g Bulgur
100 g Wirsing
2 – 3 Tomaten
Öl für die Auflaufform

Für die Sauce:
1 Zwiebel
2 EL Stärke oder 3 EL Vollkornmehl
300 ml Gemüsebrühe
2 EL Petersilie
1 gestrichener TL Koriander
1 gestrichener TL Salz
1 EL Senf
1 Prise Pfeffer
1 Prise Muskat

Den Bulgur kochen und den Wirsing in Streifen schneiden und garen. Den Räuchertofu fein würfeln und mit Bulgur und Wirsing vermengen. Die Zwiebel kleinschneiden und alle Zutaten für die Sauce mixen. Zwei Drittel der Sauce unter die Mischung heben und alles in eine eingefettete Auflaufform geben. Die Tomaten in Scheiben schneiden und drauflegen, die restliche Sauce darübergeben, bei etwa 180° C 30 – 40 Minuten backen.

Seitanauflauf

100 g Räuchertofu
3 Paprikaschoten
1 Zwiebel
100 g Champignons
300 g Seitan
8 Möhren
Öl für die Auflaufform

Für die Sauce:
150 g Tofu
1 Zwiebel
200 ml Gemüsegarwasser
1 EL Stärke
3 – 4 EL Shoyu
1 EL Hefeflocken
1 Knoblauchzehe
½ TL Kebabpaste

Den Tofu für die Sauce würfeln und
die Zwiebel kleinschneiden und dann
mit allen übrigen Saucenzutaten
mixen. Den Paprika, die zweite
Zwiebel und die Champignons
kleinschneiden, Räuchertofu und
Seitan würfeln. Zwei Drittel der Sauce
mit diesen Zutaten vermengen und
die Hälfte dieser Masse in eine gefettete Auflaufform geben. Die Möhren
längs halbieren und garen und auf die
Masse legen. Die zweite Hälfte der
Masse und dann die restliche Sauce
darübergeben.
Bei etwa 200° C etwa 30 Minuten
backen.

Kartoffel-Brokkoli-Auflauf

150 g Räuchertofu
250 g Brokkoli
150 g Cashewnüsse
5 – 6 EL zerkleinerter
und gedünsteter Spinat
350 g Kartoffeln
1 EL Stärke
1 EL Hefeflocken
1 gestrichener EL
Gemüsebrühepulver
½ TL Curry
½ TL Salz
1 TL Majoran
200 ml Gemüsegarwasser
1 Msp Kebabpaste nach Belieben
Öl für die Auflaufform

Kartoffeln in Streifen schneiden und
zusammen mit dem Brokkoli garen.
Die Nüsse rösten und hacken. Brokkoli, Kartoffeln und Cashewnüsse
mischen und in eine große eingefettete Backform geben. Die übrigen Zutaten ziemlich klein pürieren, teilweise
unterheben und den Rest daraufgeben
und glattstreichen. Bei etwa 200° C
30 – 40 Minuten backen.

Tofubraten

*400 g gefrorener
   und wieder aufgetauter Tofu*
200 g Grünkern
2 Zwiebeln
2 Knoblauchzehen
200 – 250 g altes, hartes Vollkornbrot
1 Stange Lauch
1 EL Senf
1 EL Miso
1 TL Thymian
1 TL Salbei
1 Prise Pfeffer oder Curry
*Dill, Schnittlauch, Petersilie, Senf
   nach Belieben*
1 EL Öl für die Auflaufform

Den Grünkern garkochen. Zwiebeln
und Knoblauch fein hacken, den
Lauch kleinschneiden. Das Vollkornbrot und den Tofu fein zerkrümeln
oder den Tofu durch den Wolf drehen.
Alle Zutaten gut vermischen, würzen
und durchkneten. Die Masse in einer
eingefetteten Backform 30 – 40 Minuten backen, bis der Braten fest ist.

Variation:

• den Braten in dicke Scheiben
   schneiden, diese knusprig braten
   und mit Kräuteraufstrich (s. S. 87)
   bestreichen

Wenn der Braten nicht ganz
durchgebacken aus der Form
geholt wurde, kann auch auf
einem Blech noch etwas nach-
gebacken werden.

Austernpilzbraten

*200 g marinierter
   oder geräucherter Tofu*
250 g Austernpilze
1 Zwiebel
1 Knoblauchzehe
1 Birne
100 g altes, hartes Vollkornbrot
100 g Getreideschrot
1 TL Senf
½ TL Muskat
1 TL Meerrettich
1 TL Majoran
Shoyu oder Salz
Pfeffer
Curry
geriebener Thymian
2 EL Zitronensaft
Öl für die Auflaufform

Die Austernpilze in Streifen schneiden, Zwiebel und Knoblauchzehe
hacken und die Birne fein würfeln.
Pilze zusammen mit den Zwiebeln
dünsten, bis die Zwiebeln glasig sind.
Vollkornbrot und Tofu zerkrümeln, mit
dem Getreideschrot mischen und mit
den restlichen Zutaten zu einem Teig
verkneten. Die Masse in eine gefettete
Backform geben und bei 180° C
30 – 40 Minuten backen.

Mandelauflauf

150 g Räuchertofu
100 g Pilze
100 g Mandeln
150 g Möhren
2 – 3 EL Schnittlauch
1 – 2 Knoblauchzehen
100 g Hafer- oder Hirseflocken
1 – 2 EL Sojamehl
1 Handvoll Sprossen
  oder Huflattichblüten
1 gestrichener TL Salz
1 Prise Curry
1 Prise Muskat und Pfeffer
1 TL – 1 EL Leinsamen
1 TL Masala
250 g Spinatsauce, Pilzsauce oder
  andere Sauce nach Wahl (ab S. 54)
Öl für die Auflaufform

Die Pilze kleinschneiden und dünsten, Mandeln hacken und rösten, Möhren raspeln, Schnittlauch und Knoblauch hacken und den Tofu fein zerkrümeln. Den zerkrümelten Tofu mit allen Zutaten, mit Ausnahme von Möhren, Mandeln und Sauce, mischen, abschmecken und in die gefettete Form geben. Die Hälfte der Sauce unterrühren, dann Mandeln und Möhren daraufgeben und die restliche Sauce darübergießen. In der gefetteten Backform in 30 – 40 Minuten bei 180° C backen.

Birnengratin mit Mohn

400 ml Apfelsaft
50 – 80 g Mohn
2 – 3 Möhren
3 Birnen
100 g Mandeln
4 EL Zitronensaft
1 EL Sirup
50 g Margarine
150 g Weizen-
  oder Hafer-Vollkornschrot
1 Prise Muskat
1 Prise Salz
1 Prise Pfeffer
100 g Tofu-Crème-fraîche

Den Mohn mahlen und den Apfelsaft zum Kochen bringen. In den kochenden Apfelsaft den gemahlenen Mohn hineingeben und unter Rühren etwa 5 Minuten köcheln lassen. Die Möhren fein raspeln, die Birnen würfeln und die Mandeln rösten und hacken. Zitronensaft und Sirup dazugeben und mit allen Zutaten, außer der Tofu-Crème-fraîche, vermischen. Mit Tofu-Crème-fraîche bestreichen und 20 Minuten bei 200° C backen.

Pasteten

Diese Pasteten lassen sich gut vorbereiten und auch einfrieren. Zum Gelieren der Pasteten wird keine Gelatine, sondern das rein pflanzliche Agar-Agar verwendet. Das Agar-Agar wird entweder in kochendem Wasser aufgelöst und mit allen Zutaten zum Festwerden in eine Form gegossen, oder die Pastete wird im Wasserbad geliert.

Pilzpastete

800 g Tofu oder Räuchertofu
250 g Champignons
200 g Möhren
30 – 40 g schwarze Oliven
2 – 3 Zwiebeln
2 – 3 Knoblauchzehen
100 g Vollkornmehl
60 g Haferflocken
50 g Hefeflocken
50 ml Olivenöl
50 g Stärkemehl
2 – 3 EL Shoyu und/oder 1 TL Salz
1 EL Majoran
je 1 TL Meerrettich, Senf, Masala,
  Paprikagewürz, asiatische
  Gewürzmischung, Ingwer, Kumin,
  Fenchel, Chili nach Belieben
Öl für die Form

Tofu, Oliven, Zwiebeln und Knoblauch fein zerkleinern und Möhren raspeln. Sämtliche Zutaten miteinander vermischen, kneten und abschmecken. In eine eingefettete Kastenbackform mit Deckel füllen, glattstreichen, den Deckel auf die Form setzen und im Wasserbad 1½ – 2 Stunden bei 180 – 200° C fest werden lassen. Etwas abkühlen lassen, mit einem Messer vom Rand lösen und vorsichtig stürzen.

Tofu Glasnost

300 g marinierter Tofu
  oder Räuchertofu
100 g Champignons
1 – 2 rote Zwiebeln
80 g rote Linsen und/oder Erbsen
1 gelbe Paprikaschote
1 Möhre
50 – 80 g kleine Blumenkohlröschen
1 – 2 EL Weizenkeime
1 EL Majoran
2 – 3 EL Weinessig
Salz, Pfeffer, Dill, geriebene
  Muskatnuß nach Belieben
1 – 1,2 l Wasser
2 g Agar-Agar
Öl für die Form

Tofu würfeln, Champignons halbieren und in Scheiben schneiden und anschließend dünsten. Zwiebeln in Ringe schneiden, Hülsenfrüchte kochen, Paprika und Möhren fein würfeln. Wasser zum Kochen bringen, Agar-Agar zugeben und 5 Minuten leicht köcheln lassen. Alle Zutaten in das Wasser geben und alles zusammen in eine gefettete Kastenform gießen. Während sich die Masse festigt, hin und wieder vorsichtig durchrühren, damit sich die Zutaten gut verteilen. Im erkalteten Zustand in etwa 1½ cm dicke Scheiben schneiden, auf Platten anrichten und garnieren.

Jamaicatofu

Für die grüne Schicht:
200 g Tofu
150 g Spinat
1 Knoblauchzehe
½ TL Paprika
½ TL Muskat
½ TL Kräutersalz
½ Handvoll Dill
1 Prise Pfeffer
100 ml Wasser
2 EL Stärke
2 EL Öl

Für die rote Schicht:
300 g Tofu
100 g Tomatenmark
1 Knoblauchzehe
2 EL Shoyu
1 TL Kräutersalz
2 EL Stärkemehl
2 EL Öl
100 ml Wasser

Für die gelbe Schicht:
400 g Tofu
½ TL Curcuma
1 gestrichener TL Salz
1 gestrichener TL Curry
1 EL Hefeflocken
½ TL Senf
1 Msp Muskat
2 EL Stärke
2 EL Öl
½ – 1 TL Wasser

Außerdem:
Öl für die Form

Zunächst alle Zutaten für die grüne Schicht im Mixer pürieren, dann in eine große eingefettete Kastenform geben und glattstreichen. Danach alle Zutaten für die rote Schicht mixen, auf die grüne Schicht geben und glattstreichen. Zuletzt die pürierten Zutaten für die gelbe Schicht darübergeben und glattstreichen. Die Pastete jetzt im Wasserbad garen. Dazu eine große Braten- oder Auflaufform mit Wasser füllen und die Kastenform hineinstellen. Die Bratenform sollte soweit mit Wasser gefüllt sein, daß nichts in die Kastenform mit Deckel gelangen kann. Bei 200° C im Backofen 2 Stunden in diesem Wasserbad garen. Hin und wieder 1 Tasse Wasser in die Bratenform zugießen. Nach dem Garen den Auflauf etwas abkühlen lassen, vom Rand lösen und anschließend stürzen.

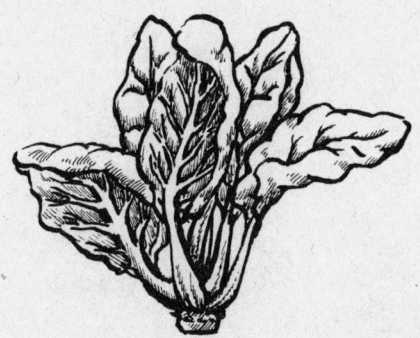

Mittelmeerterrine

Für 6 Portionen:
6 Tofusterne (s. S. 40)
1 l Wasser
2 g Agar-Agar
100 – 150 g Auberginen
1 rote Paprikaschote
1 gelbe Paprikaschote
80 – 100 g grüne und schwarze Oliven
50 g Meeresalgen
2 EL frische Basilikumblätter
1 Prise Muskat
1 – 2 TL ganze oder grob gehackte
   Pfefferkörner
1 TL Lavendelblüten
1 TL Akazienblüten
1 TL Orangenblüten
1 – 2 EL Weißwein
1 TL Salz
1 TL Oregano
Öl für die Form

Auberginen würfeln und anschließend garen. Paprika ebenfalls würfeln. Die Oliven halbieren und entkernen oder ganz verwenden, Meeresalgen fein schneiden und Basilikum hacken. Das Wasser zum Kochen bringen, Agar-Agar zugeben und 5 Minuten leicht köcheln lassen. Alle Zutaten, außer den Tofusternen, in das Wasser geben und dann in eine eingefettete Kasten- oder Ringform gießen. Während sich die Masse festigt, hin und wieder vorsichtig durchrühren, damit sich die Zutaten gut verteilen. Kurz vor dem Erstarren die Tofusterne quer in die Masse hineinschieben, so daß sie ihre Position bewahren. Wenn die Masse erkaltet ist, in sechs Stücke schneiden, wobei jeweils ein Stern in der Mitte sein sollte.

Bratlinge

Diese Bratlinge kommen auch ohne Ei als Bindemittel aus. Ergänzt mit einer Tofusauce sind sie ein Genuß.

Da sie so schön »handlich« sind, eignen sich kalte Bratlinge besonders gut zum Mitnehmen als Wegzehrung oder Pausensnack. Auch als Brotbelag sind Bratlinge eine willkommene Abwechslung.

Reibekuchen

200 g Tofu
300 g Kartoffeln
1 Zwiebel
1 EL getrocknete Minze
25 g Sojamehl
100 g Getreideschrot
1 Prise Salz
1 Prise Pfeffer
Öl zum Braten

Die rohen Kartoffeln raspeln und die Zwiebel hacken. Die Minze reiben. Den Tofu zerkrümeln, mit den übrigen Zutaten mischen und alles etwa 20 Minuten ziehen lassen. Zu kleinen Reibeküchlein formen und im heißen Öl knusprig ausbacken.

Pikante Pfannküchle

Für etwa 8 Stück:
100 g Tofu
Marinade nach Wahl (ab S. 34)
1 – 2 EL Shoyu
etwas Gemüsegarwasser
*   oder Sojamilch*
200 g fein gemahlenes Vollkornmehl
40 g Sojamehl
Salz, Pfeffer, Curry, Paprikagewürz,
*   Senf, Meerrettich,*
*   Tahin nach Belieben*
Öl zum Braten

Den Tofu marinieren und mit Shoyu und etwas Garwasser bzw. Sojamilch pürieren. Mit allen Zutaten zu einem dickflüssigen Teig verrühren und in einer heißen Pfanne beidseitig 3 – 5 Minuten braten.

Variationen:

• mit verschiedenen Zutaten oder Tofupasten füllen und anschließend aufrollen

• mit Tofupasten bestreichen

• mit gegarten Kohlblättern und Tofupaste belegen, aufrollen und in dicke Scheiben schneiden

Tofurollis

350 g Räuchertofu
1 große Zwiebel
1 – 2 Knoblauchzehen
100 g Hefeflocken
50 g Haferflocken
50 g Vollkornmehl
4 – 5 EL Olivenöl
* oder anderes Öl*
2 EL Shoyu
1 TL Senf
½ TL Basilikumwürzpaste
* (fertig gekauft)*
Thymian, Kerbel, Dill, Pfeffer
* nach Belieben*
Öl zum Braten

Den Tofu zerkrümeln, Zwiebeln und
Knoblauch fein hacken und alle Zutaten mit dem Rührgerät vermengen.
Dadurch wird der Teig feiner und
geschmeidiger, als mit der Hand vermischt. 10 Minuten stehen lassen und
anschließend in 10 cm lange Röllchen
mit 2 cm Durchmesser formen. In
nicht zu heißem Öl auf allen Seiten
braten.

Variationen:

- mit gehackten Oliven, Kapern und
  Dill
- mit etwa 50 g fein geraspelten Möhren
- mit frischen, gehackten Kräutern

Spinatbällchen

150 g Räuchertofu
100 g Bulgur
150 g Spinat
1 – 2 Zwiebeln
1 – 2 Knoblauchzehen
50 g Grünkernschrot
2 – 3 EL Shoyu
1 TL Senf
Pfeffer
Muskat und / oder Curry
Ingwer nach Geschmack
Öl zum Braten

Bulgur und Spinat garen, Spinat anschließend zerkleinern. Den Räuchertofu zerkrümeln, Zwiebeln und
Knoblauch fein hacken. Alle Zutaten
mischen, nach 10 Minuten Ruhezeit
kleine Bällchen daraus formen und in
heißem Öl rundherum braten.

Hirsekugeln

*150 g marinierter Tofu
oder Räuchertofu
200 g Hirse
1 Zwiebel
1 – 2 Knoblauchzehen
1 grüne Paprikaschote
50 g Vollkornmehl oder -schrot
4 – 5 EL Kräuterdressing (s. S. 50)
1 – 2 EL Shoyu
1 EL Hefeflocken
1 TL Paprikagewürz
1 TL Oregano
½ TL Muskat
Öl zum Braten
oder Fett zum Fritieren*

Die Hirse kochen, den Tofu zerkrümeln, Zwiebel und Knoblauch fein hacken und die Paprikaschote fein würfeln. Aus allen Zutaten einen Teig zubereiten, etwas ruhen lassen und anschließend tischtennisballgroße Kugeln formen. Auf allen Seiten knusprig braten oder fritieren.

Tofuletten

*200 g Weizen
150 – 200 g Tofu
1 – 2 Zwiebeln
1 – 2 Knoblauchzehen
2 – 3 Möhren
1 EL Kürbiskerne
100 g Vollkornmehl oder -schrot
1 TL – 1 EL Leinsamen
1 TL Majoran
1 TL Senf
1 TL Curry oder Paprikagewürz
2 TL Salz oder einige EL Shoyu
Koriander, Muskat, Minze
nach Belieben
Öl zum Braten
oder Fett zum Fritieren*

Den Weizen kochen, Tofu zerkrümeln, Zwiebeln und Knoblauch fein hacken, Möhren raspeln, Kürbiskerne grob hacken und die Minze reiben. Aus allen Zutaten einen Teig zubereiten und nach 10 Minuten Ruhezeit flache Tofuletten formen. In heißem Öl beidseitig goldbraun braten oder bei 180° C 3 – 4 Minuten fritieren.

Variation:

• eine Handvoll Haferflocken hinzufügen

Tofu-Landjäger

200 g Tofu
100 g Reis
100 g Grünkern
1 Zwiebel
1 – 2 Knoblauchzehen
1 TL – 1 EL Kapern
50 g feines Grünkernschrot
50 g feine Haferflocken
Salz, Pfeffer, Majoran, Senf, Muskat
  nach Belieben
Öl zum Braten
  oder Fett zum Fritieren

Reis und Grünkern garen, Tofu gut zerkrümeln, Zwiebeln, Knoblauch und Kapern fein hacken. Aus allen Zutaten einen Teig herstellen. Etwa 12 cm lange Röllchen mit etwa 2½ cm Durchmesser formen und auf allen Seiten braten oder bei 170° C etwa 5 Minuten fritieren.

Variation:

• mit 2 EL fein geraspelter rote Bete, die in den Teig untergemischt wird, rosa färben

Reislinge

100 g Tofu oder Räuchertofu
1 – 2 Bananen
1 Zwiebel
1 Knoblauchzehe
1 Möhre
250 g Vollkornreis
1 EL Tahin
1 – 2 EL Sonnenblumenkerne
1 TL Leinsamen
1 gestrichener TL Curry
1 gestrichener TL Koriander
1 gestrichener TL Kumin
1 Prise Salz
1 Prise Pfeffer
Öl zum Braten
  oder Fett zum Fritieren

Den Reis garkochen. Den Tofu fein zerkrümeln, die Banane zerdrücken, Zwiebel und Knoblauch fein hacken, die Möhre fein raspeln und die Sonnenblumenkerne rösten. Einen Teig aus allen Zutaten zubereiten, zu Bratlingen formen und braten oder fritieren.

Servieren Sie die Reislinge mit Indischem Erdnußdressing (s. S. 52).

Felafel

100 g Räuchertofu
250 g Kichererbsen
1 Zwiebel
1 – 2 Knoblauchzehen
2 EL Petersilie
2 EL Vollkornmehl
1 – 2 EL Sojamehl
1 EL feine Haferflocken
½ TL Koriander
½ TL Kumin
½ TL Curry und / oder Pfeffer
Salz
Öl zum Braten
*   oder Fett zum Fritieren*

Die Kichererbsen weichkochen, Zwiebel, Knoblauchzehen und Petersilie fein hacken. Kichererbsen und Tofu durch den Wolf drehen oder pürieren, alle Zutaten miteinander vermischen und durchkneten. 20 Minuten ruhen lassen, dann tischtennisballgroße Kugeln formen, ein wenig flach drücken und in heißem Öl braten oder in Fett etwa 4 Minuten fritieren.

Kohlige Cevapcici

120 g Tofu
200 g Grünkern, Weizen, Hirse
*   oder Reis*
1 kleine Zwiebel
100 g Kohlrabi
8 Wirsingkohlblätter
1 EL Vollkornmehl
1 EL Hefeflocken
½ TL Kräutersalz
½ TL Bohnenkraut
1 Prise Pfeffer
1 Prise Fenchelgewürz
Öl zum Braten und für die Form

Das Getreide garen, die Zwiebel fein schneiden und den Kohlrabi raspeln. Von den Kohlblättern den harten Strunk herausschneiden, dann die Blätter 5 Minuten garen, abtropfen lassen und warmhalten. Die übrigen Zutaten zu einem Teig verkneten, abschmecken und etwas ruhen lassen. 3 cm dicke und 7 – 8 cm lange Röllchen formen und rundherum leicht knusprig braten. Je eins in ein heißes Kohlblatt einrollen und servieren.

Gefälschter Aal

250 g – 300 g Räuchertofu
1 große Zwiebel
4 Norialgenblätter
100 g Vollkornmehl
1 EL Hefeflocken
2 – 3 EL Shoyu
1 Prise Pfeffer und/oder
 Paprikagewürz
1 EL Zitronensaft
Fett zum Fritieren

Den Räuchertofu zerdrücken und die Zwiebel hacken. Die Norialgenblätter rösten. Dazu kurz beidseitig über eine heiße offene Flamme halten, bis sie leicht grünlich werden. Einen Teig aus Räuchertofu, Shoyu, Zwiebel, Vollkornmehl, Hefeflocken, Gewürzen und Zitronensaft zubereiten. Die Algenblätter ausbreiten und je ein Viertel des Teiges in die Mitte eines Algenblattes legen, die Algenränder mit Wasser anfeuchten und zu einem Päckchen zusammenklappen, das gut geschlossen ist. Mit der zugeklappten Seite auf das Fritiergitter legen und bei etwa 170° C etwa 7 Minuten fritieren.

Variationen für die Bratlingrezepte:

- etwa 50 g geröstete und je nach Belieben grob oder fein gemahlene Hanfsamen hinzufügen und nach Belieben etwas mehr Gewürze verwenden
- mit Lauch
- mit Linsen und Bohnen
- mit Sellerie und Zucchini
- mit Schwarzwurzeln
- mit Pastinaken
- mit Topinambur und Radieschen-würfeln
- mit Bockshornkleesprossen
- mit gehackten Pilzen
- mit Äpfeln und Birnen
- mit Kümmel und Salbei

Aufstriche

In den folgenden Aufstrich-Rezepten wird der Tofu entweder mit den übrigen Zutaten cremig püriert, wobei der Aufstrich eine pastenartige Konsistenz erhält, oder der Tofu wird zerkrümelt und in dieser Form mit den Zutaten vermischt, bzw. es wird gekochtes grobes Getreideschrot beigemischt. Dementsprechend hat der Aufstrich dann eine grobkörnige Beschaffenheit. Für jedes Rezept sind grundsätzlich beide Varianten möglich, auch wenn nur eine genannt ist.

Konservieren lassen sich die Aufstriche durch Erhitzen im Wasserbad bei 95° C für 1½ Stunden. Dazu geben Sie den Aufstrich in ein Glas, das sich mit einem Deckel schließen läßt. Der Aufstrich hält sich auf diese Weise etwa 3 Monate.

Jede Tofucreme läßt sich mit wenigen (höchstens 2 – 3) Tropfen ätherischer Öle wie z. B. Flieder-, Veilchen -, Orangen- oder Rosenöl noch verfeinern.

Kräuteraufstrich

250 g Tofu
2 – 3 Radieschen
1 EL Petersilie und/oder Schnittlauch
1 TL Majoran
1 gestrichener TL Kräutersalz
1 – 2 EL Öl
1 Prise Pfeffer

Den Tofu fein zerkrümeln, Radieschen und Kräuter hacken. Alle Zutaten vermischen und abschmecken.

Meerrettich-Oliven-Aufstrich

250 g Tofu
1 Handvoll Oliven
1 TL – 1 EL Meerrettich
1 EL Shoyu
½ TL Pfeffer
1 Prise Curry oder Chili
2 EL Olivenöl

Die Oliven entsteinen und hacken und alle Zutaten zu einem cremigem Aufstrich verrühren.

Senfpaste

250 g Tofu
1 EL Schnittlauch
1 Knoblauchzehe
1 TL – 1 EL Senf
1 TL – 1 EL Hefeflocken
1 EL Shoyu
½ TL Curry
1 – 2 EL Öl

Schnittlauch und Knoblauch hacken
und mit den übrigen Zutaten zu einem cremigen Aufstrich pürieren.

Zwiebel-Spinat-Aufstrich

250 g Tofu oder Räuchertofu
1 Zwiebel
1 Knoblauchzehe
1 – 2 EL gedünsteter Spinat
1 EL Shoyu
½ TL Senf
½ TL Bohnenkraut
1 Prise Pfeffer
1 Prise Muskat
1 – 2 EL Öl

Zwiebel, Knoblauchzehe und Spinat
fein hacken und mit den übrigen
Zutaten verrühren oder pürieren.

Nuß-Paprika-Aufstrich

250 g Tofu
1 rote Paprikaschote
1 EL Cashew- oder Walnüsse
1 Zwiebel
1 Knoblauchzehe
1 kleiner Apfel
1 Prise Paprikagewürz
1 Prise Pfeffer
1 Prise Salz
2 – 3 EL Zitronensaft
1 – 2 EL Öl
Minze

Paprika, Nüsse, Zwiebel, Knoblauchzehe und Apfel fein hacken und mit
Tofu, Paprikagewürz, Pfeffer, Zitronensaft und Öl zu einem cremigen Aufstrich verrühren oder pürieren. Die
Minze fein hacken und den Aufstrich
damit abschmecken.

Orient-Paste

100 g Räuchertofu
100 g Kartoffeln
1 große Zwiebel
1 Knoblauchzehe
1 TL Melisseblätter
1 TL Senf
1 EL Shoyu
½ TL Curry
½ TL Koriander
½ TL Kumin und/oder Kebabpaste
1 Prise Vollrohrzucker nach Belieben

Die Kartoffeln kochen, Zwiebel, Knoblauch und Melisseblätter hacken. Alle
Zutaten miteinander verrühren oder
pürieren.

Sesamaufstrich

200 g Räuchertofu
1 Zwiebel
1 Knoblauchzehe
1 TL Basilikum
1 TL Schnittlauch
2 EL Tahin
2 EL Shoyu
2 EL Zitronensaft
1 – 2 EL Hefeflocken
1 Prise Muskat
1 Prise Pfeffer

Zwiebel, Knoblauchzehe und Kräuter
hacken. Zusammen mit den übrigen
Zutaten verrühren oder pürieren.

Tofu-Miso-Paste

100 g Räuchertofu
1 große Möhre
2 EL Margarine
1 EL Tahin
1 EL Hefeflocken
1 TL Miso
1 TL Masala
1 Prise Pfeffer
1 Prise Piment
eventuell 2 – 4 EL Wasser

Den Räuchertofu zerkrümeln und die
Möhre weichkochen und kleinschneiden. Alle Zutaten zu einer cremigen
Paste verarbeiten. Eventuell noch
2 – 4 EL Wasser dazugeben.

Sie können den Aufstrich auch in
eine Spritztüte füllen und Gebäck
u. ä. damit dekorieren (s. auch
Partysnacks ab S. 98).

Garten-Tofu

200 g Tofu
1 – 2 Handvoll junge
Brennesselblätter
je 1 TL Gartenkresse, Thymian,
Kerbel, Salbei, Schnittlauch,
Majoran, Dill nach Belieben
2 EL Öl
1 EL Zitronensaft
Salz und Pfeffer nach Belieben

Die Brennesselblätter mit heißem
Wasser übergießen, damit sie ihre
Brennwirkung verlieren. Anschließend
ebenso wie die Gartenkräuter hacken.
Alle Zutaten miteinander verrühren
oder pürieren.

Pikante Maronipaste

150 g Räuchertofu
75 – 100 ml Sojamilch
80 – 100 g Maronen (Eßkastanien)
1 – 2 EL Olivenöl
1 EL Gomasio (Sesamsalz)
1 EL Zitronensaft
1 Prise Pfeffer
1 Prise Curry und/oder Koriander

Den Räuchertofu zerkrümeln. Die
Maronen kreuzweise an den flachen
Seiten einschneiden, bei 150° C
30 – 40 Minuten backen, anschließend schälen. Alle Zutaten zu einer
feinen Paste verrühren oder pürieren.

Variation:

• 1 – 2 EL gekochte Bohnen und/
oder 1 gekochte Zwiebel unterrühren

Pesto-Tofu

250 g Räuchertofu
80 – 100 g Pinienkerne
1 – 2 Knoblauchzehen
2 EL Basilikumblätter
100 g Hefeflocken
5 – 6 EL Olivenöl
1 – 2 EL Zitronensaft
1 Prise Salz
1 Prise Pfeffer oder Curry

Pinienkerne rösten und fein hacken,
Knoblauchzehen und Basilikumblätter
ebenfalls fein hacken. Den Tofu
pürieren, mit den übrigen Zutaten
vermischen und abschmecken oder
alles pürieren.

Waldorf-Paste

200 g Tofu
1 – 2 EL Öl
1 – 2 EL Zitronensaft
1 EL Weißwein
2 – 4 EL Sojamilch
1 EL blaue Weintrauben
1 Apfel
100 g Sellerie
50 – 80 g Walnüsse
1 EL Chrysanthemenblüten
Salz
Pfeffer
1 Prise Vollrohrzucker

Den Tofu mit Öl, Zitronensaft, Wein und Sojamilch cremig pürieren, Weintrauben vierteln oder achteln, Apfel raspeln, Sellerie reiben, Walnüsse rösten und hacken und die Chrysanthemenblüten fein hacken. Alle Zutaten miteinander cremig verrühren oder pürieren.

Tzatziki-Aufstrich

200 g Tofu
100 ml Sojamilch
eine halbe Salatgurke
1 EL Schnittlauch oder Petersilie
1 EL Zitronensaft
2 EL Olivenöl
1 – 2 Knoblauchzehen
1 Prise Salz
1 Prise Pfeffer

Den Tofu mit der Sojamilch pürieren. Die halbe Salatgurke in kleine Würfel schneiden und die Kräuter hacken. Alle Zutaten miteinander verrühren oder pürieren.

Pilz-Schmilz-Aufstrich

100 g Räuchertofu
1 große Zwiebel
1 – 2 Äpfel
100 g Pilze
100 g Kokosfett
1 TL Mohn
1 TL Majoran
1 TL Thymian
1 TL Estragon
1 Prise Pfeffer
1 Prise Salz
1 Prise Muskat

Zwiebel und Äpfel fein hacken, Pilze kleinschneiden und dünsten. Den Mohn mahlen und weichkochen. Das Kokosfett erhitzen, die Zwiebeln darin dünsten und dann mit einem Teil davon den Tofu pürieren. Anschließend alle Zutaten gut verrühren und kaltstellen.

Variation:
• statt Mohn geröstete und gemahlene Hanfsamen verwenden

Auberginen-Algen-Aufstrich

150 g Räuchertofu
150 g Auberginen
2 Zwiebeln
1 Knoblauchzehe
Öl zum Braten
1 Blatt Kombualge
2 EL Olivenöl
1 TL Miso
100 ml Wasser
1 EL Hefeflocken
1 EL Shoyu
1 EL Tahin
1 TL Senf
1 TL Koriander
Liebstöckel, Basilikum,
  Paprikagewürz, Oregano nach
  Belieben

Die Aubergine würfeln, Zwiebeln und
Knoblauch fein hacken und etwa
10 Minuten anbraten. Die Alge einweichen und anschließend ebenfalls
fein hacken. Dann alles zusammen
pürieren und abschmecken.

Getreideaufstrich

100 g Räuchertofu
  oder marinierter Tofu
50 – 100 g Grünkern-
  oder Weizenschrot
1 Möhre
1 – 2 EL frische Kräuter nach
  Belieben
1 – 2 EL Tomatenmark
Shoyu, Senf, Pfeffer, Curry
  nach Belieben

Das Grünkern- bzw. Getreideschrot
garen, die Möhre raspeln und die
Kräuter hacken. Mit den übrigen
Zutaten verrühren und abschmecken.

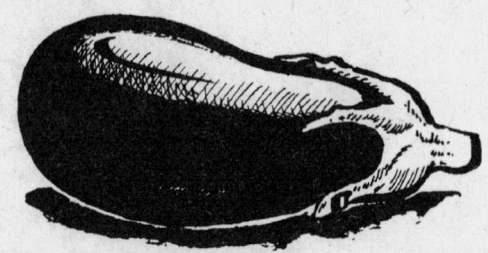

Hanfaufstrich

150 g Tofu nach Wahl
1 – 2 Zwiebeln
1 – 2 Knoblauchzehen
1 Apfel
50 g Hanfsamen
1 – 2 EL Shoyu
1 TL Senf
1 TL Majoran
1 TL Sesamsamen
1 EL Zitronensaft
Pfeffer, Curry, Ingwer nach Belieben

Den Tofu fein zerkrümeln, die Zwiebeln, den Knoblauch und den Apfel fein hacken, die Hanfsamen rösten und mahlen. Alle Zutaten zu einer grobkörnigen Mischung verrühren.

Variationen:

- mit Dill
- mit Grünkern, Buchweizen oder Gerste
- mit Paprikaschoten und Zucchini
- mit Kapern und Oliven
- mit Sambal Olek und Kebabpaste
- mit Meerrettich und Melisse
- mit Gänseblümchen, Sauerampfer und Löwenzahn
- mit Linsen, Erbsen und Kidneybohnen
- mit Erdnüssen oder Kürbiskernen

Weitere Variationen für Aufstriche:

- Avocado-Zitronen-Paste
- Gemüseaufstrich
- Rote Bete-Apfel-Creme
- Curry-Ananas-Paste
- Paprika-Möhren-Kresse-Aufstrich
- ägyptische Linsenpaste mit einer Prise Nelken
- Rosmarin-Kapern-Aufstrich
- Sprossen-Rettich-Dill-Creme
- Schalotten-Oliven-Mandel-Paste mit Räuchertofu
- Huflattich-Kürbis-Sonnenblumen-Paste

93

Tofuwurst

400 g marinierter Tofu
  oder Räuchertofu
1 – 2 Knoblauchzehen
50 g Margarine
50 g Weizenmehl
50 g Stärke
2 – 3 EL Hefeflocken
1 EL Senf
1 EL Shoyu
1 EL Tahin
1 TL Meerrettich
1 TL Majoran
1 TL Kräutersalz
1 Prise Pfeffer
6 g Guarkernmehl
1 größerer Kunstdarm
  mit fester Schnur

Oliven und Knoblauchzehen fein hacken. Alle Zutaten vermischen, pürieren, abschmecken und in den Kunstdarm füllen, der an einem Ende schon zugebunden ist. Das andere Ende fest verschnüren. In kochendes Wasser geben und etwa 1½ Stunden leicht kochen lassen. Anschließend abkühlen lassen, die Haut entfernen und die Tofumasse in dünne Scheibchen schneiden. Kann z. B. als Aufschnittplatte serviert werden.

Apritofu

100 g Bulgur
80 g getrocknete Aprikosen
1 Apfel
100 g Tofu
1 EL Mandelmus
2 EL Sirup oder anderes Süßmittel
  nach Belieben
1 Prise Salz
1 Prise Zimt
1 Prise Vanille

Bulgur garkochen. Die Aprikosen in wenig Wasser einweichen, anschließend kleinschneiden, den Apfel fein hacken. Tofu zerkrümeln und mit den übrigen Zutaten cremig pürieren.

Süße Maronipaste

150 g Tofu
80 – 100 g Maronen
1 – 2 EL Sonnenblumenöl
1 EL Zitronensaft
1 Prise Salz
1 Prise Zimt
1 Prise Vanille
75 – 100 ml Sojamilch
1 – 2 EL Sirup oder anderes Süßmittel
  nach Belieben und/oder 1 – 2 Äpfel

Die Maronen kreuzweise an den flachen Seiten einschneiden und bei 150° C für 30 – 40 Minuten backen. Anschließend schälen. Die Äpfel hacken und alle Zutaten cremig verrühren.

Kiwi-Bananen-Creme

100 g Tofu
2 Bananen
2 Kiwis
1 EL Kokosflocken
1 EL Zitronensaft
1 EL Öl
1 EL Ahornsirup
1 Prise Salz
1 Prise Zimt
1 Prise Vanille

Das Obst schälen und vier Kiwischeiben zum Garnieren beiseitelegen. Alle restlichen Zutaten pürieren, abschmecken, mit den Kiwischeiben garnieren und sofort servieren.

Variationen:

• mit einigen Tropfen Rosenwasser
• mit einigen Sonnenblumenblättern garniert
• mit Pflaumen, Birnen und/oder Weintrauben

Brombeer-Nuß-Aufstrich

100 g Tofu
50 – 100 g Brombeeren
50 – 100 g Haselnußmus
oder Haselnüsse
1 EL Zitronensaft
1 – 2 EL Sirup oder anderes Süßmittel
nach Belieben
1 Prise Zimt
1 Prise Vanille
1 Prise Salz

Wenn Haselnüsse verwendet werden, diese rösten und mahlen. Dann alle Zutaten miteinander pürieren.

Morgenrot

100 g Tofu
50 – 100 g Weizengrieß
100 g Johannisbeermarmelade
1 EL Sirup
½ TL Zimt
½ TL Anis
1 Prise Salz
1 – 2 EL Zitronensaft
1 – 2 EL Öl

Den Weizengrieß kochen und mit den übrigen Zutaten verrühren und cremig mixen.

Birnencreme mit Mohntofu

100 g Tofu
2 – 3 weiche Birnen
80 – 100 g Mohn
2 EL Sirup oder anderes Süßmittel
  nach Belieben
1 – 2 EL Zitronensaft
½ TL Zimt
½ TL Vanille
1 Prise Salz
1 Prise Kardamom

Den Mohn mahlen und weichkochen.
Dann alle Zutaten pürieren.

Möhren-Nuß-Aufstrich

100 g Tofu
2 – 3 Möhren
80 – 100 g Cashew- oder Haselnüsse
1 – 2 Äpfel
1 – 2 EL Sirup mit Zitronensaft
1 Prise gemahlene Nelken
1 Prise Piment
1 Prise Salz
Ingwer und/oder 1 EL Rosinen nach
  Belieben
1 TL Lavendelblüten

Den Tofu gut zerkrümeln, die Möhren
raspeln, die Nüsse hacken und rösten,
den Apfel ebenfalls hacken. Alle Zutaten zu einer grobkörnigen Masse
vermischen oder cremig pürieren.

Hanf-Kirsch-Aufstrich

100 g Tofu
80 – 100 g Kirschen
2 – 3 getrocknete Feigen
50 g Hanfsamen
1 EL Sirup und Zitronensaft
1 Prise Vanille
1 Prise Zimt
1 Prise Ingwer
1 Prise Salz

Kirschen entsteinen und kleinschneiden, Feigen einweichen und
anschließend ebenfalls kleinschneiden.
Die Hanfsamen rösten und mahlen.
Den Tofu zerdrücken und alle Zutaten
miteinander pürieren, gut verrühren
und abschmecken.

Partysnacks

Mit Partysnacks aus Tofu haben Sie die beste Gelegenheit, die Vielfalt von Tofu vorzuführen. Die angenehme Überraschung Ihrer Gäste wird Ihnen gewiß sein, denn Käsehäppchen und Kartoffelchips kennt schon jeder. Und der Tofu findet auf diese Weise bestimmt neue Freunde.

Rosenkohlsticks

Für 10 Sticks:
10 Tofuwürfel
10 Rosenkohlröschen
10 Mandarinenschnitze
Marinade nach Wahl (ab S. 34)
Öl zum Braten oder Fett zum
  Fritieren
10 Radieschen- oder Möhrenscheiben
10 Zahnstocher
Rettich- und Gurkenscheiben
  zum Garnieren der Platte

Die Rosenkohlröschen garen und die Mandarinenschnitze putzen. Die Tofuwürfel marinieren, anschließend braten oder fritieren. In die Tofuwürfel den Zahnstocher stecken, so daß das Spießchen stabil steht, darauf den Rosenkohl, dann die Möhren- bzw. die Radieschenscheibe und zuletzt das Mandarinenstück so auf den Zahnstocher stecken, daß noch Platz zum Anfassen bleibt. Auf einer Platte anrichten, mit Rettich- oder Gurkenscheiben garnieren.

Gefüllter Räuchertofu

Für eine Portion:
250 g Räuchertofu
1 – 2 EL Sauerkraut
2 – 3 EL Tofunaise (s. S. 49)
Öl für das Blech

Die festen Räuchertofustücke vorsichtig mit einem Teelöffelstiel an einer flachen, schmalen Seite etwas aushöhlen. Das Sauerkraut mit der Tofunaise mischen und hineinfüllen und auf einem gefetteten Blech im Backofen erhitzen. Nach Belieben leicht kroß werden lassen.

Mit einer beliebigen Sauce (ab S. 54) zu grünem Salat servieren.

Variation:

• als Füllung geraspelte Möhren und Pastinaken mit Sprossen und etwas Spinatsauce (s. S. 55) mischen und abschmecken

Tofuburger

Für einen Burger:
1 Bratling nach Wahl (ab S. 81)
2 TL pikanter Tofuaufstrich nach Wahl
* (ab S. 87)*
1 Sesam-Vollkornbrötchen
1 – 2 Salatblätter
1 große Tomatenscheibe

Die Brötchenhälften vorwärmen und
mit Aufstrich bestreichen. Auf das
Brötchen den Salat legen, dann den
erhitzten Bratling und darauf die
Tomate legen. Zuletzt zusammenklappen.

Tofu am Spieß

marinierter oder geräucherter Tofu
Zwiebeln
Möhren
Pilze
Paprikaschoten
Sellerie
Apfel und/oder Gurke
Knoblauch-Kräuteröl
* zum Bestreichen*
Öl zum Braten bzw. für die Form
Holz- oder Metallspieße

Gemüse vorgaren und in Stücke
schneiden, Apfel ebenfalls in Stücke
und Möhren und Gurken in Scheiben
schneiden. Den Tofu in Würfel von
etwa 2 cm Größe schneiden. Abwechselnd mit Pilzen, Zwiebel-, Paprika-,
Sellerie- und Apfelstücken, Gurken-
und Möhrenscheiben aufspießen und
zusammenschieben, so daß beidseitig
noch etwas Platz zum Anfassen bleibt.
Spieße in eine gefettete Form legen
und im heißen Backofen etwa
10 Minuten bei etwa 170° C erhitzen,
zwischendurch zweimal mit Knoblauch-Kräuteröl bestreichen oder die
Spieße in heißem Öl braten und dabei
wenden.

Variation:

Sterntofu-Spieß

Für einen Spieß:
4 fritierte Tofusterne (s. S. 40)
3 cannelierte Möhrenscheiben
3 entkernte Oliven
3 Radieschenscheiben

Pizza

250 – 500 g Tofu oder Räuchertofu
Öl zum Braten und für das Blech
500 g würziger Hefeteig (s. S. 101)
100 g Champignons
2 – 4 Tomaten
2 – 3 Zwiebeln
1 – 2 Paprikaschoten
1 Handvoll Oliven nach Belieben
150 g Tomatenmark
Salz, Pfeffer, Thymian, Kräuter der
  Provence, Oregano, Paprika oder
  Pizzagewürz nach Belieben
100 g Hefesauce (s. S. 55)

Den Hefeteig herstellen. Nachdem der Teig zum zweiten Mal gegangen ist, auf einem gefetteten Blech ausrollen, mit Kräutern bestreuen und nochmals gehen lassen. Mit Tomatenmark bestreichen. Den Tofu würfeln oder in dünne Scheiben schneiden und anschließend würzig braten. Die Tomaten und die Champignons in Scheiben, die Zwiebeln in Ringe und die Paprikaschoten in dünne Streifen schneiden. Alle Zutaten, auch die Oliven, auf dem Teig gleichmäßig verteilen, würzen und die Hefesauce darübergeben. Im Backofen bei 200° C in etwa 15 – 20 Minuten knusprig backen.

Hanftaschen

200 g Räuchertofu
100 g Hanfsamen
50 g Haferflocken
100 g Getreide nach Wahl
1 – 2 rote Zwiebeln
50 g Mandeln oder Cashewnüsse
1 EL Tofu-Crème-fraîche (s. S. 53)
1 TL Curry oder Pfeffer
1 EL Shoyu
Kumin und/oder Kebabpaste
1 Knoblauchzehe
600 g würziger Hefeteig (s. S. 101)
Öl für das Blech
Knoblauchöl zum Einpinseln

Die Hanfsamen rösten und mittelfein mahlen und das Getreide weichkochen. Den Räuchertofu fein zerkrümeln, die Zwiebeln fein hacken, die Mandeln oder Cashewnüsse rösten und grob hacken. Mit Tofu-Crèmefraîche, Gewürzen und Knoblauch mischen. Für die Füllung alle Zutaten gründlich mischen und abschmecken. Vier etwa faustgroße Stücke Hefeteig ausrollen und je ein Viertel der Füllung in die Mitte eines Teigstückes geben. Den Teig ringsherum zuklappen, mit einer Gabel den Rand festdrücken und auf einem gefetteten Blech etwa 20 Minuten backen, dabei öfter mit Knoblauchöl einpinseln.

Grundrezept für würzigen Hefeteig

Für etwa 750 g Hefeteig:
20 g Hefe
150 ml warmes Wasser
½ TL Sirup
450 g Vollkornweizenmehl
je ½ TL Kräutersalz, Majoran,
*   Pfeffer, Kräuter der Provence*
*   oder Pizzagewürz nach Belieben*
2 EL Öl

Hefe mit Sirup in dem Wasser auflösen und mit 250 g Mehl gut
verrühren. Etwa 40 Minuten zugedeckt an einem warmen Ort
gehen lassen. Dann den Teig mit
dem restlichen Mehl, dem Öl und
den Gewürzen verkneten und
nochmals 20 Minuten gehen lassen.

Indonesische Platte

200 – 300 g Tofu
200 – 300 g Tempeh
Fett zum Fritieren
Marinade nach Wahl (ab S. 34)
1 Schälchen Indisches
*   Erdnußdressing (s. S. 52)*
Orangen- und/oder Gurkenscheiben
Petersilie oder Schnittlauch

Tofu und Tempeh in dünne, 7 – 8 cm
lange Stifte schneiden und in Marinade einlegen. Nach etwa 30 Minuten
abtropfen lassen und in heißem Fett
3 – 4 Minuten knusprig fritieren. Auf
einer runden Platte die fritierten Tofu-
und Tempehstifte sternförmig anordnen, so daß in der Mitte ein Kreis von
etwa 10 cm Durchmesser bleibt.
Dorthin eine kleine Schale mit Indischem Erdnußdressing stellen. Die
Orangen bzw. Gurkenscheiben mit
dem Canneliermesser einschneiden
und halbieren und an den äußeren
Rand legen. Petersilie bzw. Schnittlauch hacken und zuletzt die Stifte
damit bestreuen.

Fliegenpilztofu

150 g Tofu oder Räuchertofu
4 kleine Tomaten
1 – 2 EL Tofunaise (s. S. 49)
200 ml Marinade nach Wahl
  (ab S. 34)
Öl zum Braten

Aus dem festen Tofu mit einem Apfel-
ausstecher acht Stiele von 3 – 4 cm
Länge und 2 cm Durchmesser ausste-
chen. Diese Stiele marinieren und
anbraten. Anschließend kaltstellen.
Die Tomaten halbieren, etwas aushöh-
len, so daß je eine Hälfte auf einen
Tofustiel gestellt werden kann. Mit der
Tofunaise vorsichtig kleine weiße
Tupfer auf die Tomatenhälften setzen.

Tofustiftsalat

400 g Tofu
Marinade nach Wahl (ab S. 34)
100 – 200 g Gemüse nach Wahl
1 Schälchen Tofunaise (s. S. 49)

Den Tofu und das Gemüse in dünne,
7 – 8 cm lange Stifte schneiden, anschließend den Tofu marinieren und
abtropfen lassen. Alle Stifte mischen
und aufrecht in dunkle schmale Schalen stecken. Dazu Tofunaise zum
Dippen reichen.

Pikanter Spritztütentofu

Für 20 Portionen:
500 g beliebiger cremiger Aufstrich
  (z. B. Nuß-Paprika-Aufstrich, S. 88
  oder Orient-Paste, S. 89)
100 g Margarine
Gewürze nach Belieben

Die Margarine erwärmen, bis sie
flüssig ist, und mit dem Aufstrich
verrühren. Anschließend abschmekken und ggf. etwas nachwürzen. Diese
Masse in die Spritztüte füllen und
kaltstellen. Nach 20 – 30 Minuten
kann die Masse verwendet werden:
auf cannelierte Rettichscheiben, Gurkenscheiben oder Pumpernickel ge-
spritzt oder auch als Verzierung für
kalte Platten.

Auf den Tupfer aus der Spritztüte
kann noch eine Oliven- oder
Radieschenscheibe hochkantig
hineingesteckt werden.

Gefüllte Champignons

200 g Räuchertofu
Marinade nach Wahl (ab S. 34)
    oder Öl zum Braten
12 große Champignons
1 EL Zitronensaft
80 g Zwiebeln
80 g Erbsen oder rote Bohnen
80 g Hefesauce
Öl zum Braten

Den Tofu in kleine Würfel schneiden und marinieren oder anbraten. Die Pilze vorsichtig entstielen, dann in heißem Fett mit dem Zitronensaft etwa 5 Minuten dünsten. Die Zwiebel und die Pilzstiele fein hacken. Die Tofuzubereitung mit der Zwiebel, den gargekochten Hülsenfrüchten und der Hefesauce gründlich mischen, in die Pilze füllen, in eine gefettete Form geben und etwa 10 Minuten im vorgeheizten Ofen erhitzen.

Vor dem Servieren noch einen Tupfer pikanten Spritztütentofu (s. S.102) auf die Pilze setzen.

Gefülltes Gemüse

500 – 700 g Tofu
Marinade nach Wahl (ab S. 34)
    bzw. Öl zum Braten
8 große Tomaten, 2 Auberginen
    oder 2 Zucchini
3 – 4 EL Pilzsauce (s. S. 55)
    oder Tomatensauce (s. S. 56)
    nach Belieben

Den Tofu würfeln und anbraten oder marinieren. Wenn Auberginen oder Zucchini verwendet werden, diese längs halbieren. Das Gemüse aushöhlen, den Tofu, eventuell mit 3 – 4 EL Pilz- oder Tomatensauce gemischt, hineinfüllen und in einem Topf garen oder in einer Form im Ofen backen. Tomaten brauchen etwa 10 Minuten, Zucchini und Auberginen etwa 20 Minuten. Für acht Tomaten werden etwa 600 g Füllung benötigt, für vier Auberginenhälften 500 – 600 g Füllung und für Zucchini je nach Größe 400 – 600 g.

Variationen:

• gefüllte Paprikaschoten
• gefüllte Zwiebeln
• gefüllte Kohlrabi

Probieren Sie mal Vollkorn-Pitabrot mit pikant-würziger Tofufüllung.

Hit-Kartoffeln

200 g Räuchertofu
8 große Kartoffeln
Öl für das Blech
1 – 2 rote Zwiebeln
50 g Mandeln oder Cashewnüsse
1 TL Curry oder Pfeffer
1 EL Shoyu
1 Knoblauchzehe
1 EL Tofu-Crème-fraîche (s. S. 53)

Die Kartoffeln längs halbieren, bißfest kochen und mit der Schnittseite nach oben auf ein gefettetes Blech legen. Vorsichtig etwa 1 EL voll in der Mitte aushöhlen. Den Räuchertofu fein zerkrümeln, die Zwiebeln fein hacken, Mandeln oder Cashewnüsse rösten und grob hacken. Das Ausgehöhlte der Kartoffel mit dem Räuchertofu, den Zwiebeln und den Mandeln bzw. Cashewnüssen mischen und mit den übrigen Zutaten würzen. Die ausgehöhlten Kartoffeln gut damit füllen und kurz überbacken.

Variationen:

• mit Kümmel

• mit Linsen

• mit Kichererbsen

• mit gehackten Meeresalgen

• mit Hefesauce (s. S. 55) und
  Tomaten

Gefüllte Weinblätter

Für die Füllung:
100 g Räuchertofu
100 g gekochter Bulgur
1 EL Kürbiskerne
1 EL Pinienkerne
2 EL Korinthen nach Belieben
1 EL fein gehackte Minze
1 EL fein gehackter Salbei

Für die Sauce:
200 ml Gemüsebrühe
2 EL Tomatenmark
2 EL Zitronensaft
2 EL Olivenöl

Außerdem:
16 eingelegte Weinblätter
Öl für die Form

Die eingelegten Weinblätter in leicht kochendes Wasser geben und 8 Minuten kochen. Abtropfen und mit der matten Seite nach oben ausbreiten. Alle Zutaten für die Füllung gut miteinander vermengen. Dann je ein Achtel der Füllung (etwa 1½ TL) auf zwei Weinblättern so verteilen, daß daraus je ein Päckchen gefaltet werden kann, indem die Blätter an den Seiten eingeschlagen und zusammengelegt werden. Auf diese Weise acht Päckchen falten und in eine Bratform legen. Alle Zutaten für die Sauce verrühren, über die Weinblätter gießen und im Backofen bei 200° C 20 – 30 Minuten backen.

Dazu paßt Tzatziki-Aufstrich (s. S. 91) und frisches Vollkorn-Fladenbrot oder -Baguette.

Tofubaguette

400 g Kräuteraufstrich (s. S. 87)
1 Vollkorn-Sesambaguette
einige Radieschen
1 TL Kümmel
1 Handvoll Hefeflocken
1 – 2 EL frische Sprossen

Das Vollkorn-Sesambaguette in
3 gleichgroße Stücke schneiden und
mit einem Löffelstiel vorsichtig aushöhlen. Den Aufstrich, den Kümmel,
die Radieschen, die Hefeflocken und
die Sprossen mit der Baguettemasse
vermischen. Alles zusammen verrühren und die ausgehöhlten Baguette-
stücke damit füllen, kaltstellen und in
dicke Scheiben schneiden.

Chicoréeschiffchen

200 g Räuchertofu
1 – 2 rote Zwiebeln
50 g Mandeln oder Cashewnüsse
1 EL Tofu-Crème-fraîche (s. S. 53)
1 TL Curry oder Pfeffer
1 EL Shoyu
1 Knoblauchzehe
Tomaten- und Mandarinenschnitze
8 große Chicoréeblätter

Den Räuchertofu fein zerkrümeln, die
Zwiebeln fein hacken, die Mandeln
oder Cashewnüsse rösten und grob
hacken. Mit Tofu-Crème-fraîche mischen und mit den Gewürzen und
dem Knoblauch abschmecken. Die
Chicoréeblätter sternförmig auf einer
Platte anrichten und je 1 gehäuften TL
Tofu-Zwiebel-Mandel-Mix in die Mitte
des Blattes legen, davor und dahinter
abwechselnd je einen Tomatenschnitz
und einen Mandarinenschnitz legen.

105

Paprikaschnitten

300 g Kräuteraufstrich (s. S. 87)
1 Handvoll Hefeflocken
1 Paprikaschote
Gewürze nach Belieben

Den Kräuteraufstrich mit den Hefeflokken mischen, kurz verkneten und mit Gewürzen abschmecken. Die Paste in die Paprikaschote hineinfüllen. Die Schote vorsichtig in 1½ cm dicke Scheiben schneiden, auf Partytellern anrichten und beliebig garnieren.

Variationen:

- die Farben der Füllung mit den Farben der Paprikaschoten variieren: z. B. eine gelbe Füllung in einer grünen Paprikaschote, eine rote Füllung in einer gelben Schote
- nur die halbe Menge der Mischung herstellen und mit etwa 150 g gekochtem Grünkernschrot oder Bulgur mischen

Nori-Mandala

100 g gelber Rührtofu (s. S. 39)
2 Blätter Norialgen
3 gleichmäßig dünne Möhren
1 Stange Lauch
600 g gekochter Reis
2 EL Shoyu
1 TL Ingwer
1 TL Kumin
1 TL Paprikagewürz
eventuell Salatblätter zum Anrichten

Die Norialgen kurz über offener Flamme rösten. Die Möhren mit dem Canneliermesser einschneiden, den Lauch längs einschneiden, waschen und so schneiden, daß er in etwa die Länge der Algen hat. Dann das Gemüse vorgaren. Den Reis und den Rührtofu mit Shoyu und Gewürzen mischen und abschmecken. Die Mischung auf den Algenblättern verteilen: Zunächst etwa 3 EL pro Blatt in der Mitte von einer Seite zur anderen verteilen und andrücken. Dort hinein zunächst den Lauch, in den Lauch die Möhre legen, mit Lauch umschließen und dort herum nochmals etwa 2 EL Reis-Tofu-Masse verteilen und andrücken.
Das ergibt eine rollenartige Form mit 5 – 6 cm Durchmesser. Die Längsenden der Algen anfeuchten und eine Seite auf die Füllung legen, andrükken, zusammenrollen und etwa 2 Stunden kaltstellen. Dann in 1½ – 2 cm dicke Scheiben schneiden und auf einer schönen Platte anrichten, z. B. auf Salatblättern. Jede Scheibe hat als Mittelpunkt die Möhre, um diese herum den Lauch und außen die Alge.

Party-Salat-Platte

Tofu
Gurken
Avocados
Zitronensaft
Rettich
Möhrenscheiben
Tomaten
Tofuaufschnitt nach Wahl
2 – 3 Dressings nach Wahl
* in verschiedenen Farben (ab S. 49)*

Zur Dekoration:
1 Tomate
Sonnenblumenblätter

Das Gemüse in Scheiben schneiden, Gurkenscheiben mit dem Buntschneidemesser in gewellte Scheiben schneiden, Avocadoscheiben gefächert ausbreiten und, damit sie nicht braun werden, mit etwas Zitronensaft beträufeln. Rettich und Möhren mit dem Canneliermesser einschneiden und anschließend in Scheiben schneiden, den Tofu in Stäbchen schneiden. Die Möhrenscheiben auf die Rettichscheiben legen und ebenfalls auf der Platte anrichten. Ebenso die Tofustäbchen, den Tofuaufschnitt und die Tomatenscheiben (eine Tomate für die Dekoration übrig lassen). Die Dressings in Schälchen servieren. Zur Dekoration an den Rand ringsherum frisch gepflückte Sonnenblumenblätter legen. Die Tomate schälen und aus den Schalen eine Rose formen. Diese in der Mitte dekorieren.

Tofuchips

fester Tofu
Marinade nach Wahl (ab S. 34)
Fett zum Fritieren
Dressing nach Wahl (ab S. 49)

Den festen Tofu in dünne, höchstens ½ cm dicke Scheiben schneiden, für etwa 5 Minuten marinieren. (Vorsichtig, da er leicht auseinanderfällt.) Anschließend 3 – 4 Minuten in heißem Fett fritieren. Verschiedene Dressings zum Dippen reichen.

Würfelmischung

Tofu
Öl zum Braten
* oder Fett zum Fritieren*
Gemüse nach Wahl
Tofunaise (s. S. 49)

Tofu würfeln und braten oder fritieren. Das Gemüse würfeln und alle Würfel auf einem dunklen Teller dekorieren. Tofunaise zum Dippen dazu reichen.

Regenbogentofu

Schwarzbrotscheiben
Tofuaufstriche in verschiedenen
* Farben (ab S. 87)*

Schwarzbrotscheiben mit verschiedenfarbigen Aufstrichen bestreichen (gelber, roter, grüner und blauer Aufstrich). Die Brotscheiben in schmale Streifen oder Dreiecke schneiden, in den Farben des Regenbogens anordnen und servieren.

107

Kuchen und Gebäck

Am Anfang dieses Kapitels finden Sie ein Grundrezept für Hefeteig, der für einige der Kuchen und Torten die Basis bildet. Nach diesem Rezept erhalten Sie etwa 750 g Teig, das reicht für zwei Tortenböden bzw. ein Kuchenblech. Für die in den Backrezepten angegebenen Hefeteigmengen müssen Sie die Zutaten aus dem Grundrezept entsprechend reduzieren. Sie können den Teig natürlich auch nach Ihrem eigenen Rezept zubereiten.

Grundrezept für süßen Hefeteig

Für etwa 750 g Hefeteig:
20 g Hefe
1 – 2 EL Sirup
150 ml warmes Wasser oder
   Sojamilch
450 g Vollkornweizenmehl
½ TL Zimt
2 EL Öl

Hefe und Sirup in Wasser auflösen und mit 250 g Mehl zu einem glatten, klumpenfreien Teig rühren. Etwa 40 Minuten zugedeckt an einem warmen Ort gehen lassen. Dann den Teig mit dem restlichen Mehl, dem Zimt und dem Öl verkneten und nochmals 20 Minuten gehen lassen.

Heidelbeertorte

250 g süßer Hefeteig
   (s. nebenstehend)
500 g Tofu
Saft und abgeriebene Schale
   einer Zitrone
3 – 4 EL Süßmittel nach Belieben
½ TL Vanille
½ TL Zimt
1 Prise Salz
2 – 3 TL Stärke
2 – 3 EL Öl
350 g Heidelbeeren
Öl für die Backform

Den Hefeteig ausrollen, in eine gefettete Springform legen und im Warmen gehen lassen. Mit Ausnahme der Beeren alle Zutaten cremig pürieren. Eine Hälfte der Creme auf den Hefeteigboden geben, darüber die Beeren verteilen und auf die Beeren die übrige Creme geben. Für 40 – 50 Minuten bei 200° C backen.

Mohnstrudel

500 g süßer Hefeteig (s. S. 108)
100 g Mohn
100 g Hirse
400 ml Wasser
2 EL Öl
2 EL Sojamehl
5 – 6 EL Sirup
2 EL Zitronensaft
1 Prise Salz
1 – 2 EL Rosinen
100 g Dessertcreme nach Wahl
(ab S. 119)
½ TL Zimt
½ TL Vanille
Öl für die Backform
Tofu-Tortenguß (s. S. 118)

Den Mohn mahlen und zusammen
mit der Hirse im Wasser weichkochen.
Hefeteig zusammen mit Öl, Sojamehl
und 3 EL Sirup nochmals durchkneten
und warm stellen. Den restlichen
Sirup mit den übrigen Zutaten (außer
Öl zum Bepinseln und Tofu-Tortenguß) vermischen und abschmecken.
Den Teig nochmals gehen lassen und
anschließend rechteckig ausrollen. Die
Hälfte der Füllung so darauf verteilen,
daß ein 4 – 5 cm breiter Rand bleibt.
Etwas weiter zusammenrollen und
den Rest der Füllung auf der Rolle
verteilen. Nun den Teig ganz zusammenrollen und in einer gefetteten
Auflaufform 30 – 40 Minuten bei etwa
200° C backen, dabei zwei- bis dreimal mit Öl bepinseln. Zuletzt mit Tofu-
Tortenguß bestreichen.

Weserwelle

400 g süßer Hefeteig (s. S. 108)
etwas Vollkornmehl
2 – 3 EL Sirup

Für die Füllung:
200 g Vanillepudding (s. S. 119)
1 TL Stärke
1 TL Vollkornmehl
1 TL Sirup
1 Prise Zimt
1 Prise Vanille
1 Prise Salz
200 g Kirschen
200 – 250 g dunkler Tofuguß
(s. S. 118)
Öl für die Backform

Den Hefeteig mit etwas Vollkornmehl
und dem Sirup nochmals durchkneten
und in zwei Stücke teilen. Diese etwa
so ausrollen, daß sie in eine größere
Brotbackform passen. Die beiden
Teigstücke nochmals gehen lassen.
Währenddessen den Vanillepudding
mit Stärke, Vollkornmehl, Sirup, Zimt
und Vanille mixen. Eine Hälfte des
Hefeteigs in die gefettete Form geben
und andrücken. Die Kirschen entsteinen und auf den Teig geben, darüber
den gemixten Pudding. Nun den
zweiten Teil des Teigs daraufgeben
und vorsichtig andrücken. Bei 200° C
etwa 20 Minuten backen, aus dem
Ofen holen und den dunklen Tofuguß
glatt drauf verstreichen. Noch weitere
5 Minuten in den Ofen stellen, herausholen, mit der Gabel Wellen auf den
Guß malen und weitere 10 Minuten
backen.

Traubencreme-Torte

250 g süßer Hefeteig (s. S. 108)
350 g Trauben
500 g Vanillepudding (s. S. 119)
1 EL Stärke oder 2 EL Vollkornmehl
2 EL Süßmittel nach Belieben
1 Prise Salz
1 Prise Zimt oder Vanille
  nach Belieben
Öl für die Tortenform
350 g Tofu-Buttercreme (s. S. 117)
12 blaue Trauben zum Garnieren

Den Hefeteig gehen lassen und anschließend ausrollen, in einer gefetteten Tortenform auslegen und die
Ränder andrücken. Den Hefeboden
etwas gehen lassen und 350 g
Trauben darauf verteilen. Den Vanillepudding mit Stärke, Süßmittel und
Gewürzen mixen und über die Trauben gießen. Für etwa 40 Minuten
backen. Etwas abkühlen lassen und in
zwölf Stücke aufteilen. An den Rand
eines jeden Stückes einen Tupfer
Tofucreme mit der gezackten Tülle der
Spritztüten geben und darauf je eine
Traube legen.

Birnen-Johannisbeer-Torte

250 g süßer Hefeteig (s. S. 108)
300 g Tofu
400 g Birnen
100 g Johannisbeeren
2 EL Vollkornmehl
2 EL Zitronensaft
3 – 4 EL Sirup oder anderes Süßmittel
  nach Belieben
1 Prise Zimt
1 Prise Vanille
1 Prise Salz
Öl für die Backform
250 g Schokoladen-Nuß-Creme
  (s. S. 121)
300 g Tofu-Buttercreme (s. S. 117)
einige Johannisbeeren zum Garnieren

Den Hefeteig ausrollen, in einer gefetteten Springform auslegen, andrücken
und warmstellen. 300 g Birnen halbieren, Kerngehäuse entfernen und mit
der flachen Seite nach unten auf dem
gegangenen Hefeteigboden auslegen.
Die Johannisbeeren ringsherum anordnen. Den Rest der Birnen mit Tofu,
Vollkornmehl, Zitronensaft, Sirup oder
anderem Süßmittel und Gewürzen zu
einer glatten Creme pürieren, auf das
Obst geben, glattstreichen und in
35 – 40 Minuten backen. Etwas abkühlen lassen. Die Schokoladen-Nuß-
Creme und die Tofu-Buttercreme
miteinander verrühren und den Kuchen damit bestreichen. Zwölf Stücke
vorzeichnen und auf jedes Stück einen
Kringel Buttercreme mit der Spritztülle geben und darauf die Beeren dekorieren. Vor dem Servieren kaltstellen.

Pflaumen-Aprikosen-Torte

250 g süßer Hefeteig (s. S. 108)
200 g Tofu
200 g Aprikosen
200 g Pflaumen
2 EL Walnüsse
3 – 4 EL Süßmittel nach Belieben
1 EL Madeira nach Belieben
1 EL Stärke
1 EL Zitronensaft
½ TL Vanille
½ TL Zimt
1 Prise Salz
Öl für die Backform
300 g Tofu-Buttercreme (s. S. 117)
12 halbe Walnüsse zum Garnieren

Den Hefeteig ausrollen, in einer gefetteten Springform auslegen, andrücken und warmstellen. Die Aprikosen kleinschneiden, die Pflaumen entsteinen und vierteln und die Walnüsse hacken. Früchte und gehackte Nüsse mischen und auf dem gegangenen Tortenboden verteilen. Alle übrigen Zutaten, außer der Tofu-Buttercreme und den Walnüssen zum Garnieren, cremig pürieren, über die Früchte und die Nüsse geben, glattstreichen und backen. Nach dem Abkühlen in zwölf Stücke schneiden, die Creme tropfenförmig mit der zackigen Spritztülle auf den Rand geben und mit den Walnußhälften garnieren.

Kiwi-Erdbeer-Torte

250 g süßer Hefeteig (s. S. 108)
200 g Tofu
400 – 500 g Erdbeeren
4 Kiwis
2 EL Apfelmus
1 Prise Salz
1 Prise Zimt
1 Prise Vanille
2 TL Stärke
Öl für die Backform
12 halbe Erdbeeren
und 12 Kiwischeiben
zum Garnieren

Den Hefeteig ausrollen, in eine gefettete Springform legen, andrücken und warmstellen. Die Hälfte der Erdbeeren halbieren und den Hefeteigboden damit belegen. Die Kiwis schälen und mit dem Tofu, der zweiten Hälfte der Erdbeeren, Apfelmus, Salz, Zimt, Vanille und Stärke cremig pürieren, auf den belegten Hefeteig gießen und etwa 30 Minuten bei 180° C backen. Nach dem Abkühlen in zwölf Stücke schneiden und auf jedes Stück eine Kiwischeibe und darauf ein halbe Erdbeere dekorieren.

Variationen:

- die Erdbeeren auf die Tofuschicht legen statt darunter
- zusätzlich geschnittene Erdbeeren und/oder Kiwischeiben in die Füllung mischen

Obstkuchen

500 g süßer Hefeteig (s. S. 108)
1 kg Obst nach Wahl
700 – 800 g Dessertcreme nach Wahl
  (ab S. 119)
3 – 4 EL Vollkornmehl
  oder 2 – 3 EL Stärke
ggf. etwas Einweichwasser von
  Rosinen
2 – 3 EL Zitronensaft
3 – 5 EL Sirup
Öl für das Blech
Tofu-Tortenguß (s. S. 118)
  oder süßer Spritztütentofu
  (s. S. 117)
Zimt zum Garnieren

Hefeteig auf einem gefetteten Kuchenblech ausrollen. Das Obst kleinschneiden und den Boden damit belegen. Dann mit einer süßen Dessertcreme nach Wahl übergießen und backen. Damit die gewählte Dessertcreme fest wird, sollte etwas Vollkornmehl oder Stärke eingerührt werden. Das Obst kann auch zuvor in Rosinen- und Zitronensaft mit Sirup »mariniert« werden. Nach dem Backen einen Tofuguß über den Kuchen geben. Oder mit der Spritztüte mit Zackentülle ein Gitter aus süßem Spritztütentofu garnieren oder beispielsweise den Namen des Geburtstagskindes auf den Kuchen schreiben. Anschließend etwas Zimt darüberstreuen.

Schokoladen-Kirsch-Torte

250 g süßer Hefeteig (s. S. 108)
200 g Kirschen
350 g Tofu
100 g Haselnußmus
1 – 2 EL Carob oder Kakao
2 – 4 EL Rübensirup
2 – 3 TL Stärke
1 Prise Salz
1 Prise gemahlene Nelken
1 Prise Zimt
1 Prise Vanille
1 Prise Kardamom
Orangensaft
Öl für die Backform
einige Kirschen und Mandelblättchen
  zum Garnieren

Den Hefeteig ausrollen, in eine gefettete Springform legen, festdrücken und im Warmen gehen lassen. Die Kirschen entsteinen, gut abtropfen lassen und auf den Hefeteigboden geben. Aus den übrigen Zutaten eine Creme zubereiten und auf die Kirschen gießen. Mit Kirschen und Mandelblättchen garnieren. Anschließend bei 200° C für etwa 30 Minuten backen.

Variation:

• die Kirschen über die Creme geben

Käse-Sahne-Tofutorte

300 g süßer Hefeteig (s. S. 108)
1 Apfel
1 Orange
500 g Tofu
75 ml Zitronensaft
2 – 4 EL Süßmittel nach Wahl
½ TL Curcuma
½ TL Vanille
½ TL Zimt
2 – 3 EL feines Vollkornmehl
1 EL Hefeflocken
1 EL Rosinen
1 Prise Salz
2 – 3 EL Öl
Öl für die Form
rote Marmelade
    und Kokosflocken zum Garnieren

Den Teig ausrollen und den Boden einer gefetteten Tortenform damit auslegen. Den Rand etwa 1 cm hoch andrücken. Den Apfel und die Orange kleinschneiden und für die Füllung mit zerdrücktem Tofu, Zitronensaft, Süßmittel, Curcuma, Vanille, Zimt, Vollkornmehl, Hefeflocken, Rosinen, Salz und Öl cremig pürieren. Abschmecken, auf den Tortenboden geben und glattstreichen. Für etwa 40 Minuten bei 200° C backen. Mit einem Tupfer roter Marmelade und Kokosflocken am oberen Rand garnieren.

Eiscremetorte

300 g süßer Hefeteig (s. S. 108)
400 g Walnuß-Vanille-Eis (s. S. 128)
400 – 500 g Cashewnuß-Kirsch-Eis
    (s. S. 131)
1 EL Akazienblüten
Öl für die Form

Den Hefeteig ausrollen, in eine gefettete Springform legen, andrücken und für 6 – 7 Minuten vorbacken. Wenn der Boden abgekühlt ist, etwa 400 g Walnuß-Vanilleeis daraufgeben und glattstreichen. Auf diese Schicht das Cashewnuß-Kirsch-Eis geben und ebenfalls glattstreichen. Für 40 – 60 Minuten gefrieren lassen. Anschließend in Stücke schneiden, mit den Akazienblüten garnieren und servieren.

Dattel-Nuß-Torte

200 g Vollkornmehl
100 g Margarine
30 g Süßmittel nach Belieben
1 EL Sojamehl
1 Prise Salz
etwas Sojamilch

Für die Füllung:
50 g Haselnüsse
50 g Walnüsse
150 g getrocknete Datteln
1 – 2 Äpfel
50 g Vollkornmehl
50 g Haferflocken
3 – 4 EL Rüben- oder Ahornsirup
1 EL abgeriebene Zitronenschale
1 EL Zitronensaft
1 TL Zimt
1 gute Prise Muskat
1 gute Prise Salz
1 gute Prise gemahlene Nelken
Öl für die Backform
150 g Dessertcreme nach Wahl
  (ab S. 119)
12 halbe Nüsse zum Garnieren

Vollkornmehl, Margarine, Süßmittel,
Sojamehl, Salz und Sojamilch zu einem Teig verkneten und diesen zugedeckt mindestens 1 Stunde kaltstellen.
Die Nüsse rösten und mahlen, Datteln
einweichen und hacken und Äpfel
raspeln. Mit den übrigen Zutaten
außer der Dessertcreme und den
restlichen Nüssen vermischen. Eine
gefettete Springbodenform mit dem
Teig belegen, den Rand andrücken
und die Füllung darauf glattstreichen.
Etwa 1 Stunde bei 200 ° C backen.
Nach dem Abkühlen den oberen Rand
der Torte mit einen Tupfer Dessertcreme und halben Nüssen garnieren.

Sachertorte

300 g Tofu
etwas Sojamilch
3 EL Rübensirup
800 g Bulgur
400 g Haselnüsse
3 EL Gerstenmalz
80 g Carob oder Kakao
½ TL abgeriebene Orangenschale
½ TL Zimt
½ TL Vanille
1 Prise Salz
Öl für die Tortenform
dunkler Tofu-Tortenguß (s. S. 118)
Margarine

Den Tofu fein zerkrümeln und mit
etwas Sojamilch und dem Sirup
pürieren. Den Bulgur zu Grieß vermahlen, die Haselnüsse rösten und
mahlen. Dann mit den übrigen Zutaten, außer Tofu-Tortenguß und Margarine, vermischen, durchkneten und
15 Minuten ruhen lassen. In eine
gefettete Tortenform füllen, glattstreichen und bei etwa 200° C etwa
1 Stunde backen. Etwas Margarine
unter den Tofu-Tortenguß rühren, die
Torte damit bestreichen und erkalten
lassen.

Sunshine-Cake

250 g Vollkornnmehl
150 g Maismehl
1 Päckchen Trockenhefe
2 – 3 EL Dessertcreme nach Wahl
 (ab S. 119)
etwas warmes Wasser
1 TL Curcuma
80 g Cashewnüsse
1 großer Apfel
1 große Möhre
2 EL Vollrohrzucker
2 EL Sirup
2 Prisen Salz
2 Prisen Zimt
1 Prise Vanille
1 Prise gemahlene Nelken
Öl für die Backform

Für die Sauce:
100 ml Kirsch- oder anderer Saft
50 g Tofu
1 TL Stärke
2 – 3 EL Öl

Die Cashewnüsse rösten und mahlen
und den Apfel und die Möhre fein
raspeln. Das Maismehl, 100 g des
Weizenmehls, die Trockenhefe, Curcuma und Dessertcreme mit ein wenig
warmem Wasser verrühren, durchkneten und im Warmen gehen lassen.
Derweil Kirsch- oder anderen Saft mit
Tofu, Stärke, 1 Prise Salz, 1 Prise Zimt,
Vanille und Öl cremig mixen und für
die Sauce beiseite stellen. Den Teig
mit dem restlichen Vollkornmehl
kneten und wieder gehen lassen, dann
mit Cashewnüssen, Apfel, Möhre,
Vollrohrzucker, Sirup, 1 Prise Salz,
Nelken und 1 Prise Zimt vermischen,
gut durchkneten und in eine gefettete

Gugelhupf-Form geben. Etwas andrükken und nochmals gehen lassen. Bei
200° C etwa 30 Minuten backen und
anschließend aus dem Ofen nehmen.
Etwas abgekühlt läßt sich der Kuchen
leicht aus der Backform auf ein gefettetes Backblech stürzen. Nun ringsherum die rote Sauce gießen und den
Kuchen weitere 10 Minuten backen.

Möhren-Vanille-Kuchen

200 g Vollkornmehl
100 g feine Getreideflocken
400 g Möhren
100 g Mandeln
2 EL Rosinen
3 – 4 EL Sirup oder anderes Süßmittel
* nach Belieben*
4 – 5 EL Zitronensaft
½ – 1 TL Vanille
2 Prisen Zimt
1 Prise Salz
1 Prise gemahlene Nelken
2 – 3 EL Margarine
150 g Vanillepudding (s. S. 119)
Öl für die Backform

Möhren raspeln, Mandeln rösten und
hacken. Bis auf den Pudding alle Zutaten miteinander vermischen, durchkneten und abschmecken. 30 Minuten
ruhen lassen, dann in eine gefettete
Kastenform geben, glattstreichen
und den Pudding darübergeben. Für
30 – 40 Minuten bei etwa 180° C
backen.

Mürbteigtörtchen

Für etwa 12 Stück:
200 g Vollkornmehl
50 g Mandeln
120 g Margarine
2 EL Süßmittel nach Belieben
1 EL Sojamehl
1 Päckchen Backpulver
1 Prise Salz
1 Prise Vanille
150 ml Apfelsaft
1 EL Sirup
1 Prise Zimt
1 g Agar-Agar
800 g Beeren (Erdbeeren, Himbeeren,
* Brombeeren, Stachelbeeren oder*
* Johannisbeeren)*
Öl für die Förmchen
Tofu-Buttercreme (s. S. 117)
1 Msp Carob

Die Mandeln mahlen. Aus Margarine,
Vollkornmehl, Süßmittel, Sojamehl,
Mandeln, Backpulver, Salz und Vanille
einen Teig kneten, gut durchkneten
und für etwa 1 Stunde kaltstellen.
Den Teig in gefettete Tortelette-
förmchen verteilen, andrücken und
etwa 10 Minuten backen. Währenddessen den Apfelsaft mit Sirup, Zimt
und Agar-Agar 5 Minuten köcheln
lassen. Die Beeren auf den Törtchen
verteilen und mit der Flüssigkeit
begießen. Nach dem Erkalten mit
Tofu-Buttercreme aus der Spritztüte
mit Zackentülle und mit dem Carob
garnieren.

Allerlei Kekse

250 g feines Vollkornmehl
100 g feine Haferflocken
1 – 2 EL Sojamehl
1 Päckchen Backpulver
2 EL warme Margarine
100 g Nüsse
2 – 3 EL Sirup
2 – 3 EL Dessertcreme nach Wahl
  (ab S. 119)
½ TL gemahlener Anis oder Ingwer
1 Prise Salz
Apfelsaft
Öl für das Blech

Die Nüsse rösten und mahlen. Alle Zutaten vermischen und zu einem mittelfesten Teig verrühren. Eventuell noch etwas Flüssigkeit dazugeben. Kneten, etwas ruhen lassen und anschließend kleine Kekse formen. Auf einem gefetteten Blech bei etwa 180° C 15 – 20 Minuten backen.

Variationen:

• mit Zimt und Vanille statt mit Anis oder Ingwer würzen

• mit Lebkuchengewürz, Kardamom und Piment würzen

• Mandeln, Aprikosen oder Rosinen statt der Nüsse verwenden

• nach dem Backen und Abkühlen Tofu-Tortenguß (s. S. 118) darübergeben und mit Mandelblättchen garnieren

Süßer Spritztütentofu

250 g Tofu
100 g weiche und warme Margarine
75 – 100 ml Sojamilch
1 EL Gerstenmalz
1 EL Süßmittel nach Belieben
30 g Apfeldicksaft
1 Prise Salz
1 Prise Vanille

Den Tofu gut zerkrümeln und mit den übrigen Zutaten gründlich cremig mixen. In eine Spritztüte füllen. Vor der Verwendung kaltstellen.

Tofu-Buttercreme

50 – 70 g süßer Spritztütentofu
  (s. oben)
100 g weiche und warme Margarine

Margarine und süßen Spritztütentofu zusammen glattrühren und kaltstellen.

Variationen:

• mit 1 EL Carob oder Kakao und/ oder mit 1 TL Mandelmus

Zum Bestreichen von Kuchen, zum Garnieren mit und ohne Spritztüte, als Füllung für Vollkorn-Windbeutel usw.

Tofuguß – hell

50 g Tofu
250 ml Apfelsaft, Sojamilch
oder Wasser
1 – 2 EL Vollrohrzucker
oder Sirup nach Wahl
1 Prise Salz
1 Prise Vanille
1 Prise Zimt
1 g Agar-Agar

Alle Zutaten mit Ausnahme des Agar-Agar pürieren und zum Kochen bringen. Agar-Agar einrühren und 4 – 5 Minuten köcheln lassen.

Tofuguß – dunkel

50 g Tofu
250 ml Kirsch- oder anderer Saft,
Sojamilch oder Wasser
1 – 2 EL Vollrohrzucker
oder Sirup nach Wahl
1 Prise Salz
1 Prise Vanille
1 Prise Zimt
1 EL Kakaopulver
oder Carob mit Rübensirup
1 g Agar-Agar

Alle Zutaten mit Ausnahme des Agar-Agar pürieren und zum Kochen bringen. Agar-Agar einrühren und 4 – 5 Minuten köcheln lassen.

Zum Bepinseln oder Eintauchen von Keksen, Torten, Bratäpfeln oder Tofukrapfen den Guß nicht abkühlen lassen, sondern noch heiß verwenden. Abgekühlter Guß kann in Würfel oder Dreiecke geschnitten werden und als Dessertzutat, z. B. zu Cremespeisen, serviert werden.

Tofu-Tortenguß

50 g Tofu
250 ml Apfelsaft, Sojamilch
oder Wasser
1 – 2 EL Süßmittel nach Belieben
1 Prise Salz
1 Prise Vanille
1 Prise Zimt
1 EL Stärkemehl
oder 2 EL Vollkornmehl

Alle Zutaten zusammen pürieren und zum Kochen bringen. 4 – 5 Minuten köcheln lassen und anschließend auf den Kuchen oder das Gebäck geben.

Variationen:

• für roten Tortenguß Kirschsaft statt Apfelsaft verwenden

• für gelben Guß Pfirsichsaft und etwas Curcuma verwenden

Diese Tortenguß empfiehlt sich zum nochmaligen Mitbacken, z. B. auf einem Kuchen.

Desserts und süße Leckereien

Viele der Desserts, wie z. B. die Fruchtaufstriche, können auch als süße Brotaufstriche verwendet werden, wie auch umgekehrt einige Brotaufstriche als Dessert gereicht werden können.

In diesem Kapitel finden Sie neben den Desserts auch kleine Leckereien für zwischendurch.

Vanillepudding

100 g Tofu
700 ml Sojamilch
1 – 2 EL Öl nach Belieben
1 EL Stärkemehl
*   oder 2 EL feiner Grieß*
2 – 3 EL Sirup oder anderes Süßmittel
*   nach Belieben*
1 Prise Salz
1 TL Vanille
1 Prise Zimt
1 Prise Kardamom
*   und/oder 1 Prise Ingwer*

Den Tofu und die Sojamilch und eventuell das Öl zusammen mixen und mit Stärkemehl bzw. Grieß aufkochen, dann leicht köcheln lassen. Währenddessen gut mit dem Schneebesen rühren und nach 2 – 3 Minuten Köcheln vom Feuer nehmen. Anschließend würzen und süßen, abschmecken und kaltstellen.

Schokoladenpudding

100 g Tofu
700 ml Sojamilch
1 – 2 EL Öl nach Belieben
1 EL Stärkemehl oder 2 EL feiner
*   Grieß*
1 – 2 EL Kakaopulver
*   oder Carob mit Rübensirup*
2 – 3 EL Sirup oder anderes Süßmittel
*   nach Belieben*
1 Prise Salz
1 TL Vanille
1 Prise Zimt
1 Prise Kardamom
1 Prise Ingwer

Den Tofu und die Sojamilch und eventuell das Öl mixen und mit Stärkemehl bzw. Grieß und Kakaopulver bzw. Carob und Rübensirup aufkochen, dann leicht köcheln lassen. Währenddessen gut mit dem Schneebesen rühren und nach 2 – 3 Minuten Köcheln vom Feuer nehmen. Anschließend würzen, süßen, abschmecken und kaltstellen.

Grießflammeri

100 g Tofu
200 ml Fruchtsaft
80 g Weizenvollkorngrieß
150 ml Sojamilch
100 g Kirschen
100 g Erd- oder Johannisbeeren
3 EL Apfel- oder Birnendicksaft
1 Prise Salz
1 Prise Zimt
1 Prise Vanille
100 ml Tofuschlagsahne (s. S. 53)
Zimt oder einige Beeren
  zum Garnieren

Den Fruchtsaft erwärmen und den
Grieß einrühren. Sojamilch und Tofu
mixen, dazurühren und etwa 5 Minuten köcheln lassen. Anschließend
abkühlen lassen. Das Obst in vier
Schalen füllen, den Apfel- oder Birnendicksaft und die Gewürze zum Grieß-
brei rühren und zwei Drittel der
Tofuschlagsahne unterheben. Dann je
ein Viertel der Masse auf das Obst in
die Schale geben, mit einem Tofu-
schlagsahne-Tupfer und einer Prise
Zimt oder einer Beere garnieren.

Früchtecreme

300 g Tofu
3 – 4 EL Rosinen
eventuell etwas Einweichwasser
  der Rosinen
300 g gemischte Früchte nach Wahl
1 Prise Salz
1 Prise Zimt

Rosinen einweichen. 200 g Früchte
mit dem Tofu cremig pürieren und
abschmecken. Zum zusätzlichen
Süßen (je nach Fruchtsorten und
Geschmack) kann noch etwas Einweichwasser von den Rosinen dazugegeben werden. Dann die restlichen
ganzen Früchte und die Rosinen unterrühren und servieren.

Variation:

• **Waldfruchtcreme**: mit Himbeeren,
  Brombeeren, Heidelbeeren oder
  anderen Waldfrüchten und mit
  gerösteten und grob gehackten
  Walnüssen

Dattelcreme

300 g Tofu
100 g getrocknete Datteln
1 – 2 Bananen
1 – 2 EL Ahornsirup
½ TL Vanille
1 Prise Zimt
1 Prise Ingwer
1 Prise Kardamom
1 Prise Salz
1 – 2 EL Öl
1 EL Rosinen oder Korinthen
  nach Belieben
Rosenwasser nach Belieben

Die Datteln entkernen und einweichen. Zusammen mit dem Einweichwasser, dem Tofu und der Banane pürieren. Die übrigen Zutaten einrühren und abschmecken.

Variationen:

- **Orangen-Feigen-Creme:** statt der Datteln 100 – 150 g eingeweichte und pürierte Trockenfeigen, statt der Bananen 1 – 2 pürierte Orangen, etwas geriebene Orangenschale oder 2 – 3 Tropfen Orangenöl
- zusätzlich mit 1 – 2 EL Mandelmus
- mit gerösteten und gehackten Pistazien oder Kokosflocken
- mit geriebenen Minzeblättern und 1 EL Rum

Schokoladen-Nuß-Creme

300 g Tofu
200 ml Sojamilch
100 g geröstete und geriebene
  Hasel-, Cashew- oder Walnüsse
1 – 2 EL Kakao- oder Carobpulver
1 – 2 EL Öl
etwas abgeriebene Zitronenschale
½ TL Vanille
½ TL Zimt
1 Prise Salz
Kokosflocken zum Garnieren

Alle Zutaten, außer der Kokosflocken, zusammen cremig pürieren, abschmecken und mit Kokosflocken garnieren.

Variationen:

- mit Kirschen, Birnen oder Bananen
- mit 1 TL Getreidekaffeepulver
- mit Nuß- oder Mandelmus und Orangenöl
- mit in Rum getränkten Rosinen und geröstetem Sesam
- mit Mandelstiften oder Mandelblättchen garniert
- nur als Nuß- bzw. Schokoladencreme

Apfel-Kokos-Creme

Für mehr als 4 Personen:
80 g Tofu
400 ml Kokosmilch
200 ml Sojamilch
100 g Vollrohrzucker
1 Banane
1 Prise Salz
½ TL Vanille
1 EL Zitronensaft
1½ g Agar-Agar
150 g gewürfelte Äpfel
Öl für die Form

Den Tofu pürieren, alle Zutaten außer dem Agar-Agar und den Apfelwürfeln zum Kochen bringen, dann das Agar-Agar einrühren. Für 4 – 5 Minuten köcheln lassen. Die Apfelwürfel in eine eingefettete Kastenform geben, die Tofumasse auf die Äpfel geben und abkühlen lassen. Den Rand mit einem Messer etwas lösen und die Creme aus der Form stürzen.

Birnen-Himbeer-Creme

Für mehr als 4 Personen:
200 g Tofu
600 ml Sojamilch
1 Birne
2 Äpfel
5 EL Öl
1 Prise Salz
1 Prise Vanille
1 Prise Zimt
1 EL Zitronensaft
gut 3½ g Agar-Agar
250 g Himbeermarmelade
80 g Vollrohrzucker
100 g gemahlene Haselnüsse
Öl für die Form

Birne und Äpfel kleinschneiden und zusammen mit 400 ml Sojamilch, 100 g Tofu, 3 EL Öl, Salz, Vanille, Zimt und Zitronensaft mixen. In einem Topf zum Kochen bringen und 2 g Agar-Agar einrühren. Für 4 – 5 Minuten köcheln lassen. Masse in eine eingefettete Kastenform geben, abkühlen und festwerden lassen. In der Zwischenzeit Himbeermarmelade, Vollrohrzucker, restlichen Tofu und Sojamilch, das restliche Öl und die Haselnüsse mixen, zum Kochen bringen und gut 1½ g Agar-Agar einrühren. Diese Masse dann in die Form über die schon festgewordene Masse geben und ebenfalls festwerden lassen. Den Rand mit einem Messer lösen und die Creme aus der Form stürzen.

Schokoladen-Bananen-Creme

200 g Tofu
500 ml Sojamilch
1 Prise Salz
25 g Kakao
100 g gemahlene Haselnüsse
* oder Mandeln*
70 g Zuckerrübensirup
2 g Agar-Agar
2½ Bananen
Öl für die Form
einige frische Minzeblätter
* zum Garnieren*

Alle Zutaten, bis auf die Bananen, die Minzeblätter und das Agar-Agar, mixen und zum Kochen bringen. Agar-Agar anschließend einrühren und 4 – 5 Minuten köcheln lassen. Die Hälfte der Masse in eine eingefettete Kastenform geben und etwas abkühlen lassen. Die Bananen in 3 – 4 gerade Stücke schneiden, diese dann so in die Mitte der Form legen, daß an den Längsseiten noch ein Rand bleibt. Die restliche Tofumasse über die Bananen geben und glattstreichen. Abkühlen lassen, den Rand mit einem Messer lösen, die Creme aus der Form stürzen und anschließend in Scheiben schneiden. Mit den Minzeblättern garnieren.

Tofu Raffaela

100 g Tofu
100 g Kokosflocken
50 g Mandeln
50 g feine Haferflocken
20 g Ahornsirup
30 g Vollrohrzucker
3 – 4 EL Apfelmus
1 gestrichener TL Vanille
1 – 2 Msp Ingwer
1 – 2 Prisen Zimt
1 – 2 Handvoll Kokosflocken
* zum Wälzen*

Den Tofu fein zerkrümeln, die Kokosflocken anrösten und die Mandeln raspeln. Alle Zutaten, ausgenommen der Kokosflocken zum Wälzen, miteinander vermischen und durchkneten. 30 Minuten ruhen lassen. Dann kleine Kugeln formen und in den Kokosflocken wälzen.

Variationen:

• eine gehackte Orange zufügen
• mit einem geraspelten Apfel statt Apfelmus
• 1 EL Carob oder Kakao und/oder Haselnußmus zufügen

Sweetheart-Tofu

200 g Tofu
100 ml Kokosmilch
1 – 2 EL Sirup
Zimt oder Vanille nach Belieben
Fett zum Fritieren
Tofu-Buttercreme (s. S. 117)
4 Himbeeren zum Garnieren
*   oder 1 EL Marmelade und*
*   Mandelblättchen zum Garnieren*

Den Tofu in dünne Schieben schneiden und Herzen ausstechen. Die
Kokosmilch mit Sirup und Gewürzen
verrühren, die Herzen darin 1 Stunde
lang marinieren und anschließend
3 – 4 Minuten in heißem Fett fritieren. Mit je einem kleinen Klecks
Tofu-Buttercreme und einer halben
Himbeere garnieren oder mit Marmelade bestreichen und Mandelblättchen
darüberstreuen.

Krapfen

Für etwa 12 Stück:
500 g Tofu
250 g Vollkornmehl
1 – 2 Päckchen Backpulver
6 gestrichene EL Vollrohrzucker
100 g Margarine
½ TL Vanille
1 TL Zimt
1 Prise Salz
Fett zum Fritieren

Zum Bestreuen:
1 – 2 EL Vollrohrzucker

Den Tofu fein zerkrümeln. Die Margarine erwärmen, dann alle Zutaten
miteinander vermischen und gut
durchkneten, bis der Teig zäh ist. Mit
einem Eisportionierlöffel oder einem
Eßlöffel jeweils ein Bällchen Teig
portionieren und bei etwa 150° C
etwa 8 Minuten fritieren. Den Vollrohrzucker in der Kaffeemühle mahlen
und damit die Krapfen bestreuen.

Variation:

• vor dem Fritieren in die Mitte der
  Krapfen eine Nuß, eine halbe einge-
  weichte Dattel oder eine entsteinte
  Kirsche drücken

Feiglinge

3 Teile Krapfenteig (s. S. 124)
1 Teil Teig für Tofu Raffaela (s. S. 123)
einige getrocknete Feigen
Fett zum Ausbacken

Feigen für 30 Minuten einweichen
und anschließend abtropfen lassen.
Aus den beiden Teigsorten einen
neuen Teig kneten und kleine Krapfen
daraus formen. In jeden Krapfen eine
halbe eingeweichte Feige drücken,
den Krapfen verschließen und in
heißem Fett ausbacken.

Gefüllte Pfirsiche

250 g Obstsalat (s. S. 48),
Waldfruchtcreme (s. S. 120)
oder Schokoladen-Nuß-Creme
(s. S. 121)
4 Pfirsiche

Die Pfirsiche halbieren und entkernen.
Mit der Tofufüllung füllen, die Füllung
leicht andrücken und die Pfirsiche
servieren.

Süße Pfannküchle

100 g Tofu
2 – 3 EL Süßmittel nach Belieben
200 g fein gemahlenes Vollkornmehl
40 g Sojamehl
Zimt, Vanille, gemahlene Nelken,
Ingwer nach Belieben
1 Prise Salz
Saft von eingeweichten
Trockenfrüchten bzw. Obstsaft
oder beliebige Früchte

Tofu pürieren und mit dem Süßmittel,
dem Soja- und dem Vollkornmehl, den
Gewürzen, dem Salz und wahlweise
dem Trockenfrüchte- oder Obstsaft
bzw. mit den Früchten zu einem
dickflüssigen Teig verrühren und
in einer heißen Pfanne beidseitig
3 – 5 Minuten backen.

> Mit diversen Dessertcremes
> (ab S. 119) bestrichen sowie
> mit gehackten Pistazien bestreut
> ein Genuß!

Gefüllte Backäpfel

4 große Äpfel
2 EL Nüsse
2 EL Rosinen
100 g Dessertcreme nach Wahl
(ab S. 119)
oder Tofuschlagsahne (s. S. 53)
1 EL Kokosflocken
2 EL Margarine
1 Prise Zimt
1 Prise Vanille
1 Prise Kardamom
Zimt, Kokosflocken
oder gehackte Nüsse
zum Garnieren

Die Äpfel entkernen und aushöhlen und die Nüsse rösten und hacken. Nüsse, Rosinen, Dessertcreme oder Tofuschlagsahne und Kokosflocken miteinander verrühren und die Äpfel damit füllen. Margarineflöckchen auf die Füllung setzen und die Äpfel in einer gefetteten Backform bei 180° C etwa 20 Minuten backen, bis die Apfelschale aufzureißen beginnt. Mit Zimt, Kokosflocken oder gehackten Nüssen bestreuen und heiß servieren.

Variation:

- nach dem Backen mit Tofu-Tortenguß (s. S. 118) bestreichen

Trüffel

je 50 g getrocknete Feigen und
Rosinen oder getrocknete Datteln
und Pflaumen
60 – 80 g feine Haferflocken
50 g Mandeln
1 – 2 EL Margarine
1 – 2 EL Sirup
1 EL Schokoladen-Nuß-Creme
(s. S. 121)
Kardamom, Vanille, Zimt, Ingwer
nach Belieben
1 – 2 Tropfen Rosenöl
etwa 15 Kürbiskerne
Tofu-Tortenguß (s. S. 118)

Das getrocknete Obst einweichen und anschließend pürieren. Die Haferflocken mahlen und die Mandeln rösten und ebenfalls mahlen. Die Kürbiskerne halbieren. Mit den übrigen Zutaten, außer dem Tofu-Tortenguß, mischen. Die Masse etwa 30 Minuten kaltstellen. Daraus 2 cm große Würfel formen und mit dem Tofu-Tortenguß bestreichen.

Variationen:

- noch 1 – 2 EL Likör daruntermischen
- eine Hälfte der Trüffel mit hellem, die andere mit dunklem Tofuguß bestreichen bzw. hineintauchen

Schmeckt auch mit Vanillepudding (s. S. 119) gut.

Früchte-Jelly

150 g Erdbeeren oder andere Früchte
3 EL Sirup
400 ml Apfelsaft
1 EL Zitronensaft
1 Prise Vanille
1 Prise Zimt
knapp 2 g Agar-Agar
2 – 3 EL süßer Spritztütentofu
* (s. S. 117)*
Öl für die Förmchen
Pistazien oder Holunder-
* oder Waldbeeren zum Garnieren*

Alle Zutaten außer dem Spritztüten-
Tofu und den Zutaten zum Garnieren
kurz mixen. Dann 5 Minuten köcheln
lassen, in kleine, eingefettete »Schiff-
chen-Backformen« gießen, abkühlen
lassen und stürzen. Auf jedes Jelly
einen Spritztüten-Tofu-Tupfer geben
und die Jellies mit gehackten Pistazien
oder mit Holunder- oder Waldbeeren
garnieren.

Gefüllte Datteln

Dessertcreme nach Wahl (ab S. 119)
getrocknete Datteln
Mandarinenstückchen
kleine Minze- oder Melisseblättchen
* zum Garnieren*

Die getrockneten Datteln an der
Längsseite einschneiden, entkernen
und einweichen. Abtropfen lassen und
je ein kleines Stückchen Mandarine
und einen Klecks Dessertcreme mit
der Spritztüte mit Zackentülle hineinfüllen. Mit je einem frischen Minze-
oder Melisseblättchen garnieren.

Eiscreme

Wie so vieles andere, so ist auch Eiscreme Geschmackssache. Die folgenden Rezepte sind zwar an bekannte Eissorten angelehnt, sind aber weniger süß und vor allem fettärmer. Seien Sie für neue Geschmackserlebnisse offen, für Tofueis lohnt es sich allemal!

Jede Eiscreme läßt sich mit Tofuschlagsahne und/oder durch mehr bzw. andere Süße noch beliebig verfeinern.

Die Eiscremes lassen sich einige Tage im Gefrierfach aufbewahren.

Herstellung von Eiscreme

Für Eiscreme werden zunächst alle Zutaten zu einer cremige Masse verarbeitet, am besten mit dem Mixer. Diese Creme wird dann gefroren. Damit das Eis während des Gefrierens nicht auskristallisiert, muß die Creme ständig gerührt werden. Das geht mit der Hand, besser aber mit einem Eisbereiter. Eisbereiter gibt es zum Selberrühren oder mit einem motorbetriebenen Rührwerk. Geräte zum Selberrühren kommen ins Gefrierfach, die motorbetriebenen haben eine eigene Kühlvorrichtung.

Walnuß-Vanille-Eis

250 g Tofu
250 ml Sojamilch
100 g Walnüsse
1 TL Zitronensaft
1 Prise Salz
1 EL Haselnuß- oder Mandelmus
2 EL Öl
5 – 6 EL Sirup oder anderes Süßmittel
* nach Belieben*
½ – 1 TL Vanille
1 Prise Zimt

Die Walnüsse rösten und hacken. Tofu, Sojamilch und Zitronensaft mit Nußmus und Öl schön cremig mixen, süßen und abschmecken. Die Nüsse unterrühren und daraus das Eis bereiten (s. nebenstehend).

Dattel-Erdnuß-Eis

200 g Tofu
200 ml Sojamilch
80 g getrocknete Datteln
2 EL Erdnußmus
2 – 3 EL Ahornsirup oder anderes
  Süßmittel nach Belieben
½ TL Kardamom
½ TL Zimt
½ TL Vanille
1 Prise Salz

Die Datteln entkernen und einweichen. Alle Zutaten zusammen cremig mixen, süßen und abschmecken. Daraus das Eis unter Rühren gefrieren lassen (s. S. 128).

Feigen-Birnen-Eis

200 g Tofu
200 ml Sojamilch
2 Birnen
5 – 6 getrocknete Feigen
2 EL Öl
1 EL Zitronensaft
1 – 2 EL Sirup
Gewürze nach Belieben
1 Prise Salz

Die Feigen einweichen und kleinschneiden, Birnen schälen und ebenfalls kleinschneiden. Alle Zutaten cremig mixen und das Eis bereiten (s. S. 128).

Carob-Zimt-Rhabarber-Eis

250 g Tofu
250 ml Sojamilch oder Fruchtsaft
3 EL Sirup oder anderes Süßmittel
  nach Belieben
1 – 2 EL Öl
100 g Rhabarbermus
1 – 2 EL Carob
½ TL Zimt
1 Prise Vanille
1 Prise Ingwer
1 Prise Salz

Die Zutaten cremig mixen und Eis daraus zubereiten (s. S. 128).

Brombeer-Apfel-Eis

200 g Tofu
200 ml Sojamilch
2 Äpfel
2 – 3 EL Brombeeren
2 EL Öl
1 EL Zitronensaft
2 – 3 EL Sirup
Gewürze nach Belieben
1 Prise Salz

Äpfel schälen und schneiden und mit
den übrigen Zutaten cremig mixen.
Daraus das Eis bereiten (s. S. 128).

Sanddorn-Hagebutten-Eis

200 g Tofu
100 ml Sojamilch
100 ml Sanddornsaft
100 g Hagebuttenmarmelade
1 – 2 EL Zitronensaft
1 Prise Zimt
1 Prise Kardamom
1 Prise Vanille
1 Prise Salz
1 Prise Piment

Alle Zutaten cremig mixen und daraus
das Eis bereiten (s. S. 128).

Schokoladen-Mandel-Eis

200 g Tofu
200 ml Sojamilch
1 EL Kakaopulver oder Carob
2 EL Mandelmus oder Mandeln
2 – 3 EL Sirup
1 Prise Salz

Wenn Mandeln verwendet werden,
diese rösten und mahlen. Dann alle
Zutaten zusammen cremig rühren und
Eis daraus bereiten (s. S. 128).

Cashewnuß-Kirsch-Eis

200 g Tofu
100 ml Sojamilch
100 ml Kirschsaft
50 g Kirschen
80 g Cashewnüsse
Öl
Zitronensaft
1 Prise Zimt
1 Prise Kardamom
1 Prise Vanille
1 Prise Salz
1 Prise Piment

Kirschen entsteinen, Cashewnüsse rösten und mahlen. Alle Zutaten cremig rühren und das Eis daraus bereiten (s. S. 128).

Bananen-Flieder-Eis

150 g Tofu
200 ml Sojamilch
2 Bananen
2 – 3 EL Sirup oder anderes Süßmittel
*   nach Belieben*
1 – 2 EL Öl
1 Prise Zimt
1 Prise Vanille
1 Prise Salz
1 – 3 Tropfen Fliederöl

Alle Zutaten cremig mixen und daraus unter Rühren das Eis gefrieren lassen (s. S. 128).

Holunder-Melissen-Eis

200 g Tofu
200 ml Sojamilch
150 – 200 g Holundermus
1 – 2 EL Sirup
1 Prise Salz
Vanille und Zimt nach Belieben
2 – 3 EL Öl
2 – 3 Tropfen Melissenöl
einige getrocknete, geriebene
*   Melisseblätter*
Dessertcreme nach Wahl
*   (ab S. 119) und einige frische*
*   Melisseblätter zum Garnieren*

Alle Zutaten, außer denen zum Garnieren, cremig pürieren, daraus das Eis bereiten (s. S. 128) und in Schalen füllen. Jede Portion mit einem Klecks Dessertcreme sowie je einem frischen Melisseblatt garnieren.

Aprikosen-Pistazien-Eis

250 g Tofu
100 g getrocknete Aprikosen
2 – 3 EL Sirup oder anderes Süßmittel
  nach Belieben
1 Prise Salz
1 Prise gemahlene Nelken
1 Prise Vanille
1 Prise Zimt
1 Prise Anis
1 Prise Ingwer
50 – 100 g Pistazien

Aprikosen einweichen und anschließend zerkleinern. Pistazien grob hak-
ken. Alle Zutaten außer den Pistazien
pürieren und daraus Eis bereiten
(s. S. 128). In das Eis zuletzt einen
Teil der Pistazien rühren und mit den
restlichen Pistazien garnieren.

Hanf-Pflaumen-Eis

250 g Tofu
250 ml Sojamilch oder Pflaumensaft
250 ml Pflaumenmus
60 – 80 g Hanfsamen
1 – 2 EL Öl
1 – 2 EL Zitronensaft
3 – 4 EL Apfeldicksaft
½ TL Ingwer
1 Prise Salz
1 Prise gemahlene Nelken
Vanille nach Belieben
Zimt nach Belieben
1 – 2 Tropfen Orangenöl nach
  Belieben
einige Pflaumenstückchen

Die Hanfsamen rösten und mahlen
und mit den übrigen Zutaten zu einer
cremigen Masse mixen. Dann die
Pflaumenstückchen einrühren und das
Eis bereiten (s. S. 128).

Hanf-Mohn-Rosen-Eis

200 g Tofu
150 ml Apfel- oder Orangensaft
50 – 80 g Hanfsamen
100 g Mohn
3 – 4 EL Sirup
1 – 2 EL Öl
1 – 2 EL Zitronensaft
1 Prise Salz
1 Prise Vanille
1 Prise Zimt
2 – 3 Tropfen gutes Rosenöl
1 – 2 EL Sultaninen nach Belieben

Hanfsamen rösten und mahlen, Mohn ebenfalls mahlen und weichkochen. Dann alle Zutaten cremig rühren und daraus das Eis zubereiten (s. S. 128). Nach Wunsch Sultaninen unterrühren.

Kokos-Mandarinen-Bergamotte-Eis

200 g Tofu
200 ml Kokosmilch
1 Banane
3 – 4 EL Sirup
2 – 3 EL Öl
½ TL Vanille
1 Prise Zimt
1 Prise Ingwer
1 Prise Salz
1 – 2 Mandarinen
2 – 3 Tropfen Bergamotteöl
Kokosflocken und
*   Mandarinenschnitze zum*
*   Garnieren*

Die Mandarinen würfeln und die Kokosflocken rösten. Alle Zutaten außer Kokosflocken und Mandarinenscheiben zum Garnieren cremig mixen und daraus das Eis bereiten (s. S. 128). Mit Kokosflocken und Mandarinenscheiben garnieren.

Mocca-Mandel-Eis

200 ml Mocca-Shake (s. S. 24)
2 EL Mandelmus
1 – 2 EL Sirup oder anderes Süßmittel
nach Belieben
3 – 4 EL Apfel- oder Birnendattelmus
2 – 3 EL Öl
Zitronensaft, Zimt und Vanille nach
Belieben
1 Prise Salz

Aus den cremig gemixten Zutaten das
Eis bereiten (s. S. 128).

Kiwi-Eis mit Orangen-Pfirsich-Sorbet

150 g Tofu
100 ml Orangensaft
3 geschälte Kiwis
2 – 4 EL Sirup
2 – 3 EL Öl
1 Prise Salz
1 Prise Vanille
1 Prise Zimt
1 – 2 EL geröstete und grob gehackte
Kürbiskerne
3 reife Pfirsiche
1 – 2 saftige Orangen
2 EL Ahornsirup oder Birnendicksaft

Die Kiwis schälen und mit Tofu, Orangensaft, Sirup, Öl, Salz, Vanille und
Zimt cremig mixen. Das Eis daraus
bereiten und zuletzt die Kürbiskerne
einrühren. Dann die Pfirsiche entsteinen, mit Orangen und Ahornsirup
bzw. Birnendicksaft pürieren und im
Eisbereiter erkalten lassen. Zum Kiwi-Eis servieren

Variation:

• mit gerösteten Sonnenblumenkernen oder Cashewnüssen

Eis und Heiß

Eissorte nach Wahl
200 ml Orangensaft
eine Handvoll entsteinter Kirschen
   oder 200 ml Traubensaft
1 EL Stachelbeeren
1 EL Himbeeren
1 Prise Zimt
1 – 2 EL Süßmittel nach Belieben
ggf. 1 – 2 EL Stärke
Likör nach Belieben
gehackte Melissenblätter
   zum Garnieren

Die Früchte mit dem Fruchtsaft in
einem kleinen Topf erhitzen. Dazu
etwas Zimt und nach Geschmack
etwas Likör und eventuell 1 – 2 EL
Süße geben. Einige Minuten köcheln
lassen und eventuell etwas andicken.
Zum Eis servieren (z. B. kreisförmig
drumherumgießen) und mit gehackten
Melisseblättern garnieren.

Eis am Stiel

Eiswürfelbehälter sind in den meisten
Haushalten vorhanden. Sie werden
mit den entsprechenden Eiscremesor-
ten oder Sojamilchshakes gefüllt und
kommen dann ins Gefrierfach. Wenn
die Masse ziemlich fest ist, je einen
Zahnstocher oder ein anderes Stäbchen in jedes Eisfach stecken und bis
zur Festigkeit gefrieren lassen. Zuletzt
kann jedes Tofueis am Stiel noch kurz
in dunklen Tofuguß (s. S. 118)
getaucht werden.

Rezept-Index

Andere Bücher aus dem pala-verlag

Herbert Walker:
Vollwertig kochen mit Pfiff –
ohne tierisches Eiweiß
ISBN: 3-923176-74-0

Herbert Walker:
Vollwertig backen mit Pfiff –
ohne tierisches Eiweiß
ISBN: 3-923176-79-1

Petra und Joachim Skibbe:
Backen nach Ayurveda –
Kuchen, Torten & Gebäck
ISBN: 3-89566-126-0

Helen Nearing:
Kochbuch des guten Lebens
ISBN: 3-89566-119-8

Vollwertig, vegetarisch, gesund

Yashoda Aithal:
Vegetarisch kochen – indisch
ISBN: 3-923176-98-8

Angelika Krüger:
**Vegetarisch kochen –
international**
ISBN: 3-89566-117-1

Irmela Erckenbrecht:
**Querbeet – Vegetarisch
kochen rund ums Gartenjahr**
ISBN: 3-89566-114-7

Jutta Grimm:
Vollwert-Naschereien
ISBN: 3-923176-99-6

Vollwertig, vegetarisch, gesund

Rolf Goetz / Peter Queissert:
Einfach anders essen
ISBN: 3-923176-94-5

Jutta Grimm:
Brotaufstriche selbstgemacht
ISBN: 3-923176-65-1

Irmela Erckenbrecht:
Zucchini
ISBN: 3-89566-121-x

Wolfgang Hertling:
Kochen mit Hirse
ISBN: 3-89566-130-9

Gesamtverzeichnis bei:

pala-verlag, Rheinstraße 37, 64283 Darmstadt

**Vegetabile Vollwertdelikatessen
Tofupressen, Nigari u.a.
Öko-Party-Service
Vorführungen und Buffets
Vorträge und Kurse**